U0015151

華夏文明地理新談

華夏文明地理新談

唐曉峰 著

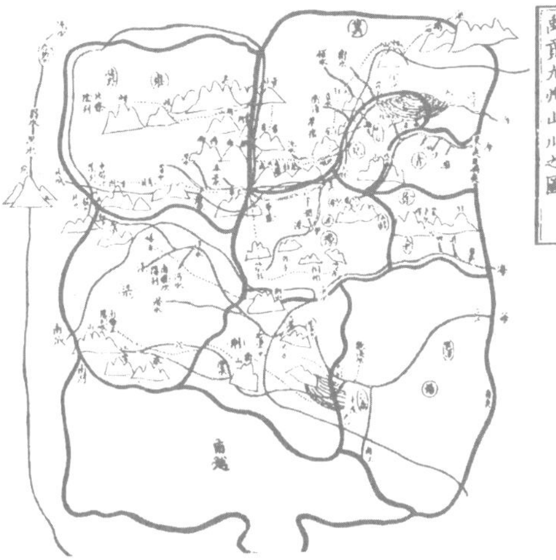

中和出版
OPEN PAGE

出版緣起

我們推出的這套「大家歷史小叢書」，由著名學者或專家撰寫，內容既精專、又通俗易懂，其中不少名家名作堪稱經典。

本叢書所選編的書目中既有斷代史，又有歷代典型人物、文化成就、重要事件，也包括與歷史有關的理論、民俗等話題。希望透過主幹與枝葉，共同呈現一個較為豐富的中國歷史面目，以饗讀者。因部分著作成書較早，作者行文用語具時代特徵，我們尊重及保持其原有風貌，不做現代漢語的規範化統一。

中和編輯部

目錄

前言　華夏文明的地理構建

華夏文明是一個甚麼樣的文明？這是一個可以從多個學科角度回答的問題。我的專業是歷史地理學，所以試圖從地理學的角度來看看華夏文明的特點，或者說，看看它有哪些地理學上的成就。

地理學講位置，在遼闊的大地上，事情發生在哪裡；東南西北中，條件、形勢各不相同，哪裡是最適宜的地方，這些是地理學關心的問題。

中華文明在地理上有甚麼特點呢？我們看到，在中國古代文明的盛期，它有一個軸心地帶，即從今天的寶雞、西安到洛陽、曲阜這一線。這個地理軸心區是甚麼時候以及怎樣形成的，這是最基本的問題。華夏文明並不是一開始就有這麼大的軸心區，它是從一個很大的範圍內慢慢聚集發展起來，逐漸形成了一個核心區，這個核心區持續發展，文明程度步步提升，終於誕生了華夏文明。

考古學家蘇秉琦曾描繪過一幅原始文化分佈圖：

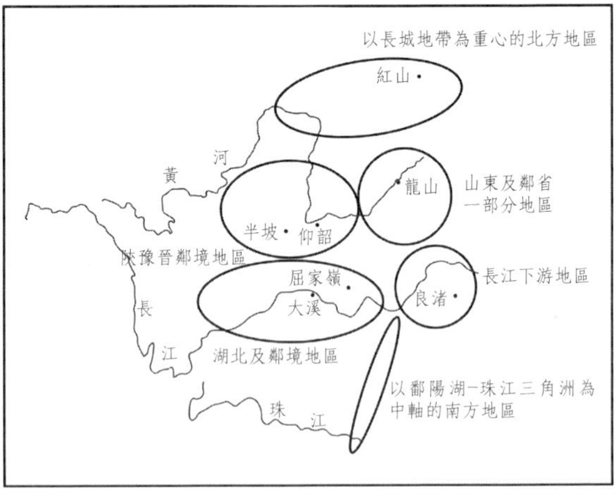

這個圖在中國的東部標示了六個特別的區域。這六個特別的區域展示了華夏文明出現之前在中國東部大地上原始文化的地理分佈大勢。這是甚麼時期？是新石器時代，屬於原始社會晚期，也可以說是文明曙光初現的時候。這個時期還不能說出現了成熟的華夏文明。每一個文化區代表一個很大的原始族群文化，雖然是原始族群，但這些原始族群已經很不簡單，已經有了相當豐富的文化要素，社會形態也已經比較複雜。

圖的上部所標的區域是西遼河文化地區。西遼河流域今天看來環境不是那麼好，但在四五千年以前，卻是一片繁榮景象。關心考古發現的人會知道，這個地方不斷有驚人的發現，這裡發現了原始人用陶器燒出來的人像，燒製的方法跟製作兵馬俑有幾分類似，塑像中間是空的，並不是拿一個泥團捏出來的，燒完之後非常逼真。這種發現讓考古學家大吃一驚，我們不能小看這些地方。

下面兩個區形成一對：一個在山東，一個在陝西。山東地區的原始文化大體圍繞着魯中那片山地，在它的山麓地帶發展，很發達，黑陶製作得很精美。往西看，就是我們常説的黃河中下游地區，包括黃土高原地區，著名的仰韶文化就發現在這些地方，它也是一個原始文化的中心區。

往長江流域看，仍然有一對，它們各守着一個湖泊。右邊的圍繞着太湖，所以叫環太湖文化區；左邊的圍繞着洞庭湖，所以叫環洞庭湖文化區。這兩個地區都有重要的文明要素發現。太湖周圍的良渚文化發現有大量精美玉器，它們屬於精神文化製品，代表着高度發展的意識形態。

最南邊的原始區相對較弱，但也自成一個體系，從今天的江西到廣東形成一個豎長的地帶。

需要説明的是，這些文化區並不是彼此隔絕的，區域間深度的交往已經存在，一些有特色的文化要素幾乎到處可以看到。例如陶鬲，這種奇特的三個袋足的器物遍佈南北文化區。可以想像，先民沿着縱横伸展的河谷，穿過狹窄的山口，不斷拓展他們的生存空間。遼闊性又具備可交流性是中國大地的特點，先民充分利用這樣的地理環境，一步步創造了遠古時代的獨特的人文地理局面。

那麼，在這個歷史時期，哪個地方是文明的搖籃呢？在文明初創的意義上來講，都是，它們都做出了貢獻，但還不能説有了一個統領性的地區。

歷史再往下發展就不一樣了，在這幾個區域中有一個地方發展得最快，它脱穎而出，匯聚各地的文化成就，文明發展持續向前，最終出現了具有統領意義的「王朝」政治實體。這個地區就是黃河中下游地區。

這個地區逐漸成為華夏世界中的政治、文化、經濟核心區。從時間上看，這個過程經過了上千年，但這個過程具體怎麼發展的，特別是在地理上，其文明聚集區的條件有哪些，現在還缺乏透徹的解釋。學者們也正在研究：為甚麼這個地區發展快，而別的地區一時沒有跟上來？

華夏文明早期的核心區，可以畫成一條線狀地帶，意思是說它有一個文明軸心區，它不是一個點，是一條軸線，就是前面講的從寶雞到曲阜這一線。如果從地理上講華夏文明的特徵，這個軸線地帶必須要說清楚，它是華夏文明在大地上的基地。

在這個軸線地帶上曾經發生過甚麼事情，為甚麼說它是中華文明的基地呢？歷史是人創造的，正是在這個軸線上，古代有三大最值得注意的人文群體，他們是華夏文明的實踐引領者、代表者，這就是夏人、商人和周人。

夏、商、周這三大族群之間不僅僅有依次建立朝代的歷史關係，也有在大地上依次排列的地理關係。這三個族群在很長的時間內是同時存在的，並不是「不共戴天」，而只是先後掌握了強勢的權力。所以，從歷史時間上講，夏、商、周是前後銜接的朝代關係，從地理空間上講，它們則是東西並列的鄰居，它們之間有着相互激勵的關係。

夏族是歷史上記載的重要族群，考古學家也在努力尋找他們的遺存。在文明軸心線上，他們的位置居中。在今天河南省的西部、山西省的西南部，那裡有不少地方都與歷史記載的夏有關。比如河南的登封（古稱陽城）、山西的夏縣（古稱安邑）。登封那一帶在古書上稱作「有夏之居」，夏縣那一帶被稱作「夏墟」。夏墟要比殷墟早多了。

在文獻記載的夏朝地域範圍內，考古學家發現了重要的古代遺存，包括城市、宮殿、銅器等。所發現的宮殿遺址，規制方正，雖然材料是土木，但已經顯示出高級制度的形態。宮殿頂部據推測為重檐結構，宮殿院落大門居中，開有三門，不是尋常結構。這些遺物、遺址在時代上，與文獻記載的夏朝相近似。有學者判斷，它們很可能是夏代的遺址、遺物。

夏人，特別是由他們創立的夏朝，是華夏文明歷史中起了關鍵作用的重要開拓者，所謂「華夏」之稱的「夏」，就與這個族群有着直接的關聯性。夏朝的主要活動區域，奠定了文明軸心地帶的人文地理基礎，完成了華夏政治歷史地理格局建立的第一步。

大約在公元前十七世紀，商人戰敗了夏朝最後一個君主桀，開創了商朝稱霸的局面。失敗的夏族則退到中條山以北，繼續生存了幾百年。商人的主要活動地區在「有夏之居」的東部，今天的安陽地區曾經是商朝後期的都城地帶。甲骨卜辭的發現，殷墟的發掘，為我們提供了商朝社會文化的直接證據。

在歷史地理方面，商朝推進了文明軸心區東部的發展，一些大型都城被建設起來，進一步強化了中心區域的人文地理地位。商代努力向四周擴土，疆域比夏代更加遼闊，尤其值得注意的是，商朝的政治勢力已經到達了長江流域。

在商代，一些新技術的出現，推動了國土管理建設的細化，這個方面最突出的例子是輪車的廣泛使用。在商人的墓葬中，發現了大量雙輪馬車的遺存。馬（或牛）駕馭的輪車極大地提高了運輸效率，推動了社會諸多方面的發展，在人類技術史上具有極為重要的地位。而與輪車相關聯的，是人工道路的發展。為了適合輪子運行的需求，平展的路面成為必要的設施，而平展的路面，必須由人工完成，並由人工維護。大範圍人工道路的出現，使人文地理面貌大為改觀。

甲骨文中的車字完全是一個象形圖，文字學家把車字從早到晚的變化排列起來，我們看到有這麼多寫法：

公元前十一世紀，武王克商，商朝覆滅，周朝建立。周朝隨後平定了各地的對手，並在各地封建諸侯，出現了「溥天之下，莫非王土」的全新局面。這是一次華夏文明在地理上的巨大變化，其影響十分深遠，它表明，華夏文明社會開始走向了「大一統」的方向。

在文明軸心區，周朝在原來都城豐鎬的基礎上又規劃營建了成周洛邑。從豐鎬到洛邑，形成了「千里王畿」，使文明軸心的核心性大幅度強化。正是在這個軸心區，誕生了最早的「中國」的概念。

周代不僅在政治軍事上為一統天下建立了制度，並在意識形態上創立了一系列地理觀念，為國家的整體性構建提供思想基礎，這就是「禹跡」「九州」「中國」「四海」等概念的形成。

周代所達成的文明成就，特別是其開啟的文明發展大方向，深刻地影響着中國歷史。而那個偉大時期所誕生的重要地理觀念，代代傳承，有些已成為中華文明的基本價值觀。

文明進程的足跡

夏商周斷代工程，目的在斷定中國古代文明進程的準確時間，意義非常重大。作為地理從業者，我們稱道斷代研究的同時，又自然而然地想到另一樁重要的事，即中國古代文明發展的地理空間問題，有條件的話，我們能否也做一回夏商周「斷地」工程，即考察文明進程的足跡。

理論上我們把時空分開，但事情的時空屬性必然是交織在一起的。「發生」一詞在英文作「take place」，直譯是「找一處地方」。這個詞用得好，文明發生時，要找一處地方。文明的發生到底在哪裡，文明的發展壯大又先後朝着哪些地理方向，文明的地盤又是如何向四面步步壯大，這些都需要做「斷地」研究。而這些「地」若與「代」掛起鈎來，我們的文明發生問題就更加清晰明白了。

對於中華文明的空間地域問題，歷來有各種説法，混亂之狀並不亞於「代」的問題。在王朝時代，生長在「文明」地域的冠帶士子驕傲得很，以為泱泱華夏在舜爺、禹爺的時代，就南撫交趾，北定山戎，西抵渠羌，東盡鳥夷，「方五千里，至於荒服」（到了蠻夷的地方）。直到二十世紀二三十年代，顧頡剛先生帶頭澄清了這個問題，提醒人們文明不可能一下子就坐出一片大地盤，疆域只能是漸漸大起來的。

但是，後來又有人把早期朝代的地盤盡量地壓縮，壓到小得可憐。比如説商朝，不過是一個以安陽為中心的「統治家族」，是個極為一般的「城邦小國」。按照城邦小國的思路去想，商朝地域範圍怎麼也寬廣不起來。可是，我們明明讀過商朝後人緬懷祖先的詩句「邦畿千里，維民所止，肇域彼四海」。我們又明明在距離中原近千里以遠的湖北黃陂看到典型的商代城址。

那麼，我們文明歷史上這個光輝的奠基時代，即夏代、商代、周代時期的疆域究竟發展到了甚麼程度？這是相當重要卻又相當難斷的問題。在三代以後的朝代，都設立了一套郡（州）縣制度，疆域內分佈着密密麻麻的郡縣名稱，它們大多方位記載明確，以它們為定位點，可以做很細緻、很實在的古代地理研究。可是在三代時期，沒有（或者說沒有記載下來）如此密麻準確的地名供我們方便地使用。欲恢復三代地理的本相，需要輔以其他辦法，諸如考古學、古文字學等。

在傳世及出土的卜辭金文中，有不少三代的地名，如果將它們仔細落實，再結合許多文化遺址，可以大大增進對三代歷史地理的了解，明確它們的疆域範圍。另外，近二三十年的考古發現已經頻頻令我們吃驚，不少原以為是「狐狸所居，豺狼所嘷」的地方，忽然挖出精美陶玉，現出莊嚴鼎彝。對我國早期文明的足跡之密、放形之遠，學者們又越來越不敢低估了。對於一些在「想不到的地方」所發現的重要遺址，都引發我們認真地去想一想：它們在古代文明大地譜系中曾佔據怎樣的坐標、具有怎樣的人文地理屬性？

由考古新材料所導致的歷史地理觀念的變化，幾乎是「七八年來一次」。過去關於文明的「搖籃」即文明地理重心的理解，還是一元式的，只認黃河中游這一個「搖籃」，儘管其他地方也有另外類型的文化，但不稱它們是「搖籃」。現在，只有一個搖籃的理解已經說不通了，因為考古研究顯示，在東北、東南、西南都有強大原始文化存在，說明我們的文明最終是由眾多搖籃培育起來的。

至於夏商周三代的地理問題，事實與觀念也在豐富更新，除了落實新的地名定點、確認地域關係，還有如何認識早期朝代疆域總體形態的問題。我們習慣於將王朝領土想像成連續彌合的，但有專家尖銳地指出，早期國家的領土可以是插花狀的。另外，對距都城遠近不同的領土，勢必存在不同的管理控制方式，比如商代有「內服」「外服」之別，這在早期國家地域機制中意義何在？此外，「四夷」地帶的重要性也不能忽略，三代時期是開放型疆域，那是一個大融合時代，在四夷地帶照樣埋伏着華夏文明的基因火種。

大禹治水傳說的新證據

二○○二年春天，保利藝術博物館的專家在香港古董市場購得一件西周中期的銅器，叫𤼈公盨，其內底的一篇九十八字的銘文，引起學術界的震動。銘文劈頭便講：「天命禹敷土，隨山濬川，乃差地設徵。」撇開銘文的其他重要內容不論，僅這十來個字，就說到了中國古代地理的一樁大事，即大禹治水。

大禹治水是每個中國人熟悉的一個歷史傳說，大概在小學課本中就有了。大禹治水的意義不只是戰勝水災，不只是把洪水疏導光就完事了，這個傳說中包含着一系列的整理疆土的偉業。到目前為止，我們能追溯到的中國大地上大範圍的、一體化的人文地理格局形成的起點，就是以大禹治水這件事為標誌的。

大禹治過水後，他所經行過的地方，被稱作「禹跡」。經過大禹治理的地方，就變得文明，沒得到大禹治理的地方依然是野蠻世界，所以「禹跡」就成為文明之邦的代名詞。「芒芒禹跡，畫為九州」（《左傳》），在「禹跡」的範圍內又劃分為九個州，於是「九州」又成為文明之邦的代名詞。從歷史地理的角度看，「九州」比「禹跡」有了更進一步的演進，因為「九州」說出了一套地理分區體系、一個大範圍的地理格局。從洪荒世界到「九州」的演進，是中國古代文明發展的一個側面，一場重要的宏觀地理變革，這場變革是在大禹治水的傳說中表述出來的。

關於大禹治水的傳說，文獻中多有記載，而最經典的歷史文本是

《尚書》中的《禹貢》篇。在王朝歷史時期，《禹貢》屬於儒學經典，備受尊崇，人們篤信大禹治水、分畫九州是事實。到二十世紀初，中國王朝體系崩潰，舊學淪落，新思潮湧現。在這個背景下，一批歷史學家對中國早期的歷史傳說進行了認真的清理，指出傳世文獻記錄的東西不是那麼可靠，於是糾正了不少對早期歷史的誤傳。關於大禹治水這件事，傳世文獻的記載受到懷疑，而確鑿的證據只有東周時期的銅器銘文，所以，大禹治水的傳說到底是甚麼時候出現的，謹慎的人只追溯到春秋戰國，不敢講得再早。

現在，燹公盨的發現及其銘文的釋讀，將大禹治水傳說的確鑿證據提前到了西周時期。有了這個證據的支撐，文獻中有關西周時期大禹治水、分畫九州的傳說的記載也相應增強了可信性。我們可以確信，在大約三千年前的時候，大禹治水的傳說已經流行了。

大禹治水是歷史「傳說」，但傳說背後的時代特徵與傳說表述的觀念應當是真實的。在大禹治水、分畫九州的傳說中，我們最關心的是對大範圍疆域得以整治的積極頌揚，和對其做一體分區的認知方式。這些東西都是西周時代地理思想史上的重大成就。一些青銅器銘文證據顯示，到了春秋時期，無論是東方的齊國還是遠在西方的秦國，都存在着這樣的頌揚和認知方式。

我們一般把「統一中國」的功勞歸於秦始皇，而說周代是一個分封割據的社會。但是在許多觀念上，特別是在地理觀念上，「一統」化或一體化的東西早已在周代大量出現了。除了「禹跡」這個仍帶有原始痕跡的一體性地域概念外，周人還說「溥天之下，莫非王土」，「王土」也是一體，是更成熟的一體性地域概念，「九州」則是它的分區。

值得注意的是，周人所稱頌的平水土、畫九州的偉業都是在禹的名義下完成的。這說明在周人眼中，禹是一個有影響的人物，而禹所處的夏朝是一個有成就的歷史時代。不管周人做了怎樣的誇張，但絕不會是無端的編造，我們在探索中國文明起源的問題時，對於周人所傳頌的事情，應給予足夠的重視。

在這次發現的𤼈公盨銘文中，還有一項十分重要的地理思想史的內容。銘文中將大禹治水與「明德」密切聯繫起來，也就是說，大禹治水已成為「德」的重要例證。「德」，是周人着重宣揚的精神

𤼈公盨

崇拜對象，是一切事物是否具有正統性的標準。大禹治水與「德」的聯結，說明「禹跡」「九州」這些連帶性觀念，都具有了如「德」一般的崇高地位。這一思想發展，為後世以「九州」為代表的大一統地理觀念之不可動搖的地位，奠定了基礎。這是一樁在中國文明發展史中具有深遠意義的事情。

甲骨卜辭：中國最早的地理記錄

十九世紀末，金石學家王懿榮在藥舖常賣的「龍骨」上識出文字，從而掀開以甲骨文（卜辭）研究歷史的新階段。甲骨文的發現，與竹簡帛書、敦煌文書、故宮檔案的發現，並列為二十世紀我國歷史文獻的重大發現。

面對甲骨文的古拙，文辭的簡略，我們很容易會小看了使用這種文字的人，進而小看了商代文明，這是不當的。考古學與古文獻學研究證明，商代的政治文化、精神文化已有很高的水平，原來懷疑是晚出的東西，不少都在甲骨卜辭中發現了存在的證據，比如干支的使用。現已發現的十幾萬塊甲骨卜辭材料，是中國最早的系統文字材料，所記錄的內容十分可觀，其中地理一項，所含信息不少，可以說是中國地理知識記錄史的第一篇。

首先，有地理知識就得有地名，很難設想沒有地名的地理知識是個甚麼樣的東西。對大地的利用越充分，地理知識積累得越多，出現的地名也就越多。現在所發現的甲骨文，僅僅是商代文字的一部分，就已經有地名上千。而商代必然還有寫在其他材料上的文字（只是沒有保存到今天）與更為豐富的口頭語言，所以商代實際使用的地名應當更多。

地名主要屬於人文地理的範疇，它所體現的是大地上人文活動的積累。大量地名的出現，說明卜辭記錄的人與「地」有關的事很多。學者們按地追蹤，發現商人的活動範圍和地理視野相當大。比如商王在都城殷（今河南安陽）命人貞卜，對象可以是太行山另外一側某國的安危，也可以是陝西涇渭地區某國的凶吉。而「鬼方」「工方」「夷方」「土方」「羌方」等，則代表了更為遙遠的人文地理區位。

當然，甲骨文中許多地名已成為死字，我們今天只能看筆畫樣子，卻讀不出字音來，更不知是指哪塊地方。它們是被歷史淘汰了的文字，從而也終止了對它們所代表的地點的記憶。不過，甲骨文中也有些地名竟沿用到了今天，像洛、洹、沁、淄等。，就是洹字的老祖先。從到洹，形式上變了不少，但意思還是一樣，這正是中國文明連續性的一個小證據。

甲骨卜辭證明商代有異地同名現象，原因是地名源於族名，比如戈族住的地方就叫戈，共族住的地方就叫共。如果戈族搬到另外一個地方，那麼新的地方還叫戈。這個現象說明了文明早期人文地名起源的一個重要特點。

甲骨文的地名中有自然的山河名稱，有多樣的風向說明，而更值得注意的是人文地理的東西。史學家稱早期模糊的記載為「史影」，那麼，在支離殘缺的甲骨卜辭中，不但有人文的「史影」，也有人文的「地影」。對人文的「地影」，卜辭專家如王國維、郭沫若、陳夢家、李學勤等都進行過研究推斷，使我們對商代的人文地理態勢，有了稍微具體的認識。卜辭中最常見的人文地理內容有城、邑、邊鄙（郊區）、商王的田獵區、四土、邦方（方國部族）等，這幾樣東西構成了商代人文地理的主要框架。

甲骨文材料證明商代已經出現大地域國家的早期特徵，而國家領土只要大到一定程度，就會出現所謂「中央與地方的關係」一類的問題。中國古代常說「王畿千里」，「王畿」可以理解為「中央」，國土若超過了一千里，就有了「地方」。隨着領土的擴大，國家機器要建立一套管理控制大地域的辦法，具體說就是「中央」管控大量「地方」的辦法，地理的政治內容因此出現。

商代所謂的「地方」是甚麼樣子？王玉哲先生曾提出一個很值得重視的看法：商代的國土不是一個彌合的整體，而是以都城（大邑）為中心，四周遠近散佈着幾個或幾十個屬於商朝的諸侯「據點」，在這些據點之間的空隙地帶，存在着

甲骨文拓片

不聽命於商朝甚至與商朝敵對的小方國，就是說，商朝的國土是疏而有漏，這是早期大地域國家的政治地理形態。這種疏而有漏的形態，到了秦漢高度集權的帝國時代，則是不被容忍的東西了。

中國的「兩河文明」

近幾十年來，在長江流域發現了不少重要的新石器時代、銅器時代的考古遺址，長江流域的上古文化令人刮目相看。於是有人借用一個老詞兒「兩河文明」，稱中國的上古歷史是又一個「兩河文明」。中國的「兩河」，一個黃河，一個長江。

中國的這「兩河」，比原來常說的兩河即西亞的幼發拉底河與底格里斯河要長得多、大得多，兩岸也遼闊得多。另外，黃河長江的水性、兩岸的人文各不相同，歷史關係也很複雜。中國的「兩河文明」需另有個說法。

從地圖上不難看出，幼發拉底河與底格里斯河彼此相距不遠，中上游最近處恐不足百里，下游今天已匯流為一，兩條河流所處的地理、氣候條件基本相同，水性不致相差太大。歷史上兩河之間（稱「美索不達米亞」）由蘇美爾等古老文明發祥，兩河合力澆灌，養育出燦爛成就（如車輪、曆法、文字）。兩條河流在人文發展上的「一體化」，是那裡的明顯特點。

中國的黃河、長江，在養育早期文明方面，很難說一體化。黃河流域的仰韶文化、龍山文化與長江流域的新石器文化不同，是兩大類各自成長的原始文化，互不統屬。即使到了銅器時代，黃河流域與長江流域的人文關係也不是那麼清楚。西亞的兩河流域約在公元前二三二〇年時出現統一國家（阿卡德—蘇美爾），形成「兩條河流，一個王權」的局面。而中國的黃河、長江兩流域最早何時共尊一個王權，還是個尚待研究的問題，不過顯而易見的一點是，黃河長江的統一比西亞那兩河的統一要難得多，也偉大得多。

在中國早期國家階段，所知力量最大的王權，即夏朝和商朝，都在黃河流域。長江流域可能另有大小王權，但無法確知，或勢力小不成氣候。黃河流域的夏王權勢力是否曾到達長江流域，按史書的說法，大禹曾巡狩到會稽（今紹興一帶），算是到了長江。但今天的歷史學家對此事多抱懷疑態度，認為夏朝不可能遠控江表。商朝的勢力到沒到長江，本來也是否定的人多，贊成的人少，但是最近幾十年來的考古發現提供了一些有利於贊成派的證據，問題開始變得有趣。

首先是一九七四年湖北黃陂盤龍城商代遺址的發現，其中有城邑宮室、奢侈墓葬、手工業遺址等等，各種銅器、陶器的風格與鄭州商朝都城遺址的相同。根據這些實物證據推測，很可能是黃河流域商朝的一支貴族率人來到這裡築城定居。問題是，這支貴族為何遠離熱土輾轉至此？他是否負有商王的甚麼使命？如果這位貴族不是偶然來到這裡，而是履行商王的一項部署，那麼我們可以說：黃河流域商朝的王權到了長江，「兩條河流，一個王權」的局面獲得了第一個證據確鑿的支點。

不過，盤龍城商朝據點的政治意義，必須有更實際的經濟說明、軍事說明或信仰說明，才站得住，無端的領地擴張、為領土而領土的事情在商代不應存在。在盤龍城遺址發現以後，繼而探索商王對於長江流域究竟抱有怎樣的需求的問題，便是一個很實際、很重要的歷史地理問題。在長江流域，不斷有銅器時代的重要遺址發現，猶如驚人重筆勾勒出長江流域的銅器文明，最有名的當屬江西新干大洋洲、四川廣漢三星堆遺址。不過在考慮盤龍城商朝據點的戰略意義時，一批商周時代銅礦在長江中游的發現尤其值得注意，它可能提示着北方早期王權覬覦長江的一個重要原因。以文明特徵而論，沒有銅器不成商朝，商王對於銅礦資源的控制一定不吝代價。所以一些考古學家推測，盤龍城商朝據點與控制長江中游的銅礦可能有關係。經濟的需求（銅礦）導致政治行為（諸侯據點），在理論上沒有問題，在歷史事實上也很有可能，也許黃河與長江的政治結合就是這樣開始的。

黃河、長江是中國歷史上的文明大河，其兩岸均為人文淵藪，但「兩河」的政治統一過程並非是一件簡單迅速的事，而是一個漸進的歷史過程，它需要強大的王權或皇權支持，還需要跨越大空間的社會組織措施。黃河、長江的最終全面聯合，是中國古代政治家的巨大成就。

古代黃土高原的另一種居民

我們常說黃土高原培育了華夏文化，但就在黃土高原培育華夏兒女的時候，它還培育了戎狄的兒女。戎狄，是古代與華夏不同的族群，長期生活在黃土高原的北部地區，華夏文人稱他們為「蠻族」，因為他們不行「禮樂」，不修文字，不念詩書，卻養太多的牲口。

華夏的文明人，廟堂列鼎中盛滿了牲口肉做的肉腊、肉糜，但他們從來低視養牲口的戎狄。戎狄是黃土高原的另一種居民，但被把持歷史記錄大權的漢族士大夫給抹殺了。我們今人，也受了古代文人的影響，歌頌黃土高原是「大地母親」的時候，卻忘了黃土高原上的另一個兄弟。

在新石器時代，氣候比今天溫濕，整個黃土高原是原始農業的「一統天下」。後來氣候變得乾冷，黃土高原的南部問題不大，先民照樣種地。但黃土高原的北部，環境逐漸惡劣，莊稼生長得越來越差。家豬要吃人的剩飯，而人已經沒有剩飯了，所以豬這類東西也不易餵養了。這裡的先民，在艱苦的環境中摸爬，終於找到另外一種維持生活的方式：多養到野外食草的牲畜，這些牲畜不與人爭食，人還可以從其身上索取生活資料。於是，人們一手握鋤，一手執鞭，開創了大範圍的半農半牧的生活方式。

由於大範圍的半農半牧的生活方式的出現，在黃土高原的人文地理格局上，便出現了兩個不同的區域。這兩個區域，用現在的話說，是兩類不同的生態系統。在南部地區，水熱條件好，農業持續發展，人口與時俱增，城郭壯大，文人滋生。而在北部地區，人們要艱苦得多。他們「隨畜因射獵禽獸為生業」，「咸食畜肉衣其皮革」，「各分散居谿谷，自有君長，往往而聚者百有餘戎，然莫能相一」。處在這種狀態下，社會進化當然緩慢得多。於是，南、北之間在政治、文化方面的差別日益增大。後來，南部的人叫作華夏，而北部的人稱為戎狄，相互反目，關係緊張了很久。

在華夏人撰寫的史書中，戎狄主要是「反面角色」，除了侵犯搶掠，禍亂華夏，便沒有甚麼正面的歷史貢獻。我們說，這種看法是不公平的。

戎狄正是古代處於中國北方的過渡地帶，或曰邊緣地帶、生態敏感地帶的一個主角，而戎狄的起源與自然環境變化引起的整個生態變化有關，戎狄起源的過程就是中國古代北方畜牧業大面積產生的過程，我們關於戎狄的概念離不開畜牧業。戎狄的興起反映了人類對環境變化的一種適應方式，在「適應」中也伴隨着創造，畜牧業就是一個創造性的成果。司馬遷稱讚北方許多地方是「畜牧為天下饒」，這裡面就包含了戎狄的歷史貢獻。

古代漢族文人看不起戎狄的人，卻盛讚戎狄的馬。有名的「駃騠」，就是指戎狄的駿馬。《左傳》記載：「冀之北土，馬之所生。」有「屈產之乘」，乘就是駟馬。漢族文人忘了，馬是人餵出來的。沒有戎狄的養馬技術，哪裡來的北方良馬？

在中國歷史上，戎狄社會的貢獻不僅是發展了畜牧業的規模、技術，將其抬升到生活的主要基礎的地位，它還為後來草原大規模遊牧經濟的產生打下了必要的基礎，做好了歷史準備。如果說在中國北方，農畜混合經濟是環境變化的推動，而草原遊牧經濟的出現，則主要是人類畜牧技術發展的推動。當對牲畜的控制能力增強、騎馬的技術出現之後，人們就有條件徹底拋開農業，而到新的更廣闊的地理空間中，大規模開展遊牧活動，並建立一種新的依託大規模遊牧經濟的社會組織。

跳出農業社會歷史的局限，放眼中國北方的遼闊大地，我們可以看到歷史上人文發展的豐富性。這些人文的豐富性，是對多樣地理環境的適應的結果。而所謂「適應」，對人類來說決不是消極的。人類文明中的許多重要內容，都是在能動地適應環境的過程中創造出來的。農業是一種創造，畜牧業也是一種創造。

中國古代戎狄在地域上分佈很廣，黃土高原北部只是其分佈地域的一部分。戎狄在地域上與華夏相鄰，兩方的交流其實是不可避免的。別看華夏人在觀念上把戎狄貶得很低，但在實際生活中，卻對他們相當「實事求是」。除了想要戎狄的馬，華夏國君還想要戎狄的兵士，另外，大概戎狄女子有妖美的一面，華夏國君還要戎女來做妃子。上層是這樣，社會基層恐怕更多。想到這一點，我們如果到黃土高原，緬懷它的「搖籃」歷史時，就更不要忘了古代北邊那些放牲口的人們，我們不少人其實都是他們的後代呢。

南風歌

風兒在大地上任意地吹着，本來沒甚麼可說的，但風一旦與人事結合起來，就不一樣了。山西西南部有一座赫赫有名的古老鹽池——解池，在這裡，風的用處很大，鹽是靠風而生，而生鹽多的風又主要是熱乎乎的南風，於是「南風」在這裡被人們歌頌，名字刻上石碑，神化後又修廟供香。

有些地形可以令風颳得更猛。古時鹽池一帶的人以為南部中條山間有「風洞」（或許是山口），仲夏時節，風從「洞」出，「聲隆隆然，俗稱鹽南風，鹽花得此，一夕成鹽」。「鹽花」，就是鹽畦中隱現的結晶，南風使水分迅速蒸發，一個晚上，鹽粒就可以撈出了。今在鹽池北岸還遺有古人修建的池神廟，廟中有主殿三座，西殿上懸掛匾額曰「風洞神祠」。池神廟向南一面有券門，上刻「迎薰風」三個字。

古時將南風稱作「熏風」。傳說在這一帶活動的舜，彈着「五弦之琴」，作過《南風歌》：「南風之熏兮，可以解吾民之慍兮；南風之時兮，可以阜吾民之財兮。」舜是聖人，託其大名的《南風歌》當然也就了不起。古代的文人讚美舜，跟着就讚美《南風歌》，有的說「舜彈五弦之琴，而歌《南風》之詩，以治天下」（《淮南子》）。有的說「南風是孝子之詩也。南風養萬物而孝子歌之，言得父母生長，如萬物得南風也。舜有孝行，故以五弦之琴歌南風詩，以教理天下之孝也」（《史記・樂書》）。還有的說「昔者舜彈五弦之琴，造《南風》之詩……唯修此化，故其興也勃焉，德如泉流，至於今，王公大人述而弗忘」（《孔子家語》）。

古代文人解說舜之《南風歌》，有「治天下」，有「孝行」，有「德如泉流」，不難發現，這都是儒家的大義。儒生們在實際生活中並非不愛財，但高談闊論時，都恥於言「財」字，他們解說《南風歌》，不往「財」字上講，而轉到治天下、德、孝的大義上來，是可以理解的。《南風歌》本是很實在的詩，裡面提到南風，也清清楚楚地提到「財」，而與風有關的財，只能是採鹽。畢竟還有些思想實在的古人，指明了這一點。如明朝的張瀚在《松窗夢語》中說：解州有鹽池，「池中所產為形鹽，以其成形；又曰解鹽，以地名也。不俟人工煎煮，惟夜遇西南風，即水面如冰湧，土人撈起池岸，盛以筐袋，驅驢騾載之，遠供數省之用，實天地自然之利。大舜撫弦歌《南風》之時，『可以阜財』，正指此也。」

司馬遷在《史記．貨殖列傳》中說，一個叫猗頓的人以「盬鹽」致富，盬（音古）鹽是古人對解池所產鹽的專稱。猗頓應是在這裡靠南風「阜財」的一個實例。張瀚說解池的鹽是「驅驢騾載之，遠供數省之用」，這種情況或早已有之。《戰國策》中有一個故事，說一匹驥（千里馬），拉鹽車而上太行山。「蹄申膝折」，「白汗交流」，負轅不能上。這時遇到伯樂，伯樂「下車攀而哭之」，解衣給驥蓋上。「驥於是俯而噴，仰而鳴，聲達於天，若出金石聲者，何也？彼見伯樂之知己也。」故事本意是講賢才埋沒，但借用了驥服鹽車的事例。從地域上看，這匹驥拉的鹽，很可能是解池之鹽。

雖然舜作《南風歌》是傳說，但《南風歌》本身卻是真實的，賴南風而得鹽的事情也應是真實的經驗。古人在解池製鹽，最相信南風，其他暖風也還可以，但遇冷風就不行了。起強大冷風時，「鹽花不浮，滿畦如沸粥狀，謂之粥發，味苦色惡，不堪食用，須刮棄畦外」。據說「粥發」的情況今天也可見到，也是不可用而棄之。其間的道理，有人以為在溫度、風力的不同。

地上的鹽池加上天上的南風，產鹽而為人所用，真可說是天、地、人三樣東西的直接集湊。得鹽之易，使人覺得是「天地自然之利」，其實產鹽、運鹽、銷鹽，乃是一整套人文事業，各種意義都因人文的價值而產生，作詩也好，修廟也好，都是人文發揮。

採鹽既然是人事，我們不妨再多一點人文關懷。觀賞者在作《南風歌》《鹽池頌》的時候，鹽工們可能正在鹽池鹵水內吃苦幹活，這些「鹽腿子」並不喜歡南邊來的「熏風」。有人記下了鹽工的苦狀：到夏天「烈日熏熏，炙肌灼膚……中暑而暴卒者，比比皆是」。看來，人文世界是複雜的，把人文世界的事情簡化為一首詩、一首歌是不行的。

山脈與歷史

山是中國人的負擔、挑戰、資源、財富。

飽覽過中國名山，再去美國科羅拉多大峽谷，會覺得沒甚麼。美國導遊說，有三分之二的中國遊客對美國大峽谷之奇景，不以為然。我曾在晉東南上過太行山，所見景色，比美國大峽谷壯觀。在美國大峽谷旁，我曾想，若到張家界，將山上樹木拔掉，顯露嶙峋山體、萬丈深淵，那眼前美國的峽谷真是算不了甚麼。更不用說青藏高原了。所以，中國歸來不看山。

從藝術角度讚美大山，乃中國人之長項。在數千年文化史中，藉助高山景觀的情思抒發，源遠流長。每個大時代的頌歌中都有山的位置。比如：「於皇時周！陟其高山，嶞山喬嶽，允猶翕河。」「泰山岩岩，魯邦所詹。」「山，快馬加鞭未下鞍，驚回首，離天三尺三。」「山舞銀蛇，原馳蠟象。」中國的山脈資源豐富，千姿百態，世面廣大，如果成立世界名山鑒賞委員會，中國人應當做主席。

從歷史角度看山，與藝術角度又有不同。歷史進程與山的關係密切。美國翻過阿帕拉契山，又翻過洛磯山脈，為其歷史進步的兩大標誌。在中國歷史上，拿下太行、秦嶺二山也是關鍵。太行、秦嶺兩大山系在中原對接，其間為函谷隘道，乃中華咽喉。夏代還小，也拿下了中條山。商人從東向西，沒有完全拿下太行、中條。周人反向發展，終於拿下函谷，地接東西，才「溥天之下，莫非王土」。

山脈雄偉高大，以人之渺小，望山之高大，沒有不折服的。但除了仰歎「危乎高哉」之外，人們做得最多的事，還是低頭尋出穿山的道路。遠古文獻《山海經》中開列了許多山頭，但講的都是祭山，沒有交代穿山的路徑，不太實用。《禹貢》則不同，講山水穿行，「隨山浚川」，導山導水，最為實用。穿山比爬山重要。

車到山前必有路。那麼沒有車呢？關於穿山，古人先經歷的是無車的時代。那時的人們都像《水滸傳》中的解珍、解寶，「生來驍勇英豪，穿山越嶺健如猱」。沒有車穿山，是憑身體腿腳的本事。在腿腳穿山時代，不分甚麼大小山口、深淺谷道，容得下人身，就可以前進，一腳高，一腳低，沒有關係。

現在還沒有弄清楚，到底是中國人自己發明的輪子還是交流學習來的輪子，總之到了商代（公元前十七—前十一世紀），中國進入了輪車時代，有輪車遺跡為證。車輪可以承載重物，循環滾動，遠行千里，是人類的重大技術進步。然而，車輪對路面卻有較嚴格的要求，不能是一輪高一輪低，要比較平坦才可以順利行走。那麼，原來可以容身，可以憑腿腳登踏行進的山口，卻不一定容許車輪行進了。所以，隨着輪車的出現，對於山口谷道，人們要做一番優選。不適宜車行的山口被淘汰，適宜車行的山口漸漸出了大名。

「太行八陘」是出名的山口谷道，基本上都可以走車。《戰國策·楚四》記載：驥（千里馬）「服鹽車而上太行」，就是車行太行山間的一個例子。這是有關伯樂的故事。山高路陡，儘管是千里馬，還是「蹄申膝折，尾湛胕潰，漉汁灑地，白汗交流；中阪遷延，負轅不能上」。千里馬應該奔馳賽跑，卻不宜幹拉車的笨活兒。幸虧「伯樂遭之，下車攀而哭之，解紵衣以冪之。驥於是俯而噴，仰而鳴，聲達於天，若出金石聲者，何也？彼見伯樂之知己也」。韓文公曰：「世有伯樂，然後有千里馬。」沒有伯樂，只有拉車的馬。千里馬比伯樂多，可能還有若干匹千里馬，沒有遭遇伯樂，默默拉了一輩子鹽車。

中條山的北面有鹽池，產鹽供給四方。向東走的鹽車要過太行山，應當是走某些陘。《史記．淮陰侯列傳》：「今井陘之道，車不得方軌。」「方軌」是車並行的意思。雖然不能並行，但走車是沒有問題的。這是井陘。

《穆天子傳》講神奇故事：「天子命駕八駿之乘，赤驥之駟，造父為御，南征翔行，逕絕翟道（翟道，在隴西），升於太行，南濟於河。」故事是神奇的，但編故事所用的許多材料是真實的。天子駕車而行是真實的，「升於太行，南濟於河」也應是真實存在的行車路線。

《水經注》描述函谷關：「邃岸天高，空谷幽深，澗道之峽，車不方軌，號曰天險。」我們看到，重要的谷道都可以車行。

能車行還是不能車行，古人分辨得很清楚。我們把視野轉到燕山，從形勢上看，燕山是太行山向東北方的延伸，戰略意義也很大。《日下舊聞考．邊障》引《金國行程》：「渝關、居庸，可通餉饋。松亭、金陂、古北口，止通人馬，不可行車。」渝關就是山海關，居庸關夾在太行山與燕山之間，是太行八陘最北面的一陘。這兩個關可以行車，具備軍事物餉運送的條件，格外受到重視。其他三關「不可行車」，地位低一等。

能在大山之間穿行，是人對山地的技術性征服，征服了大山，有不同的結果，不同的意義。有一種進山、穿山行為，是為了完成文明大業，這是歷史學家最重視的價值。

考古學家發現，距今四千年前，我國有一個發達的人類群體文化，以典型遺址所在地（河南偃師二里頭村）命名，稱二里頭文化。二里頭文化中有銅器、宮殿等，其社會當進入了早期國家形態。按照時代與地域特徵，許多學者推斷，二里頭文化應該是夏代遺存。我們注意一下二里頭文化的地理特徵，它的分佈範圍雖然不是很大，卻跨越了中條山的南北兩面。這個地理特徵值得我們思考一下。

一般來說，河流兩岸文化差別不大，古人渡河不是難事，需要的話，一天來回幾趟都可以。所以在考古地理中，河流一般不是文化的分界。但高山的情況不同，翻山不易，且路途較遠，所以山脈容易構成文化分界。比如晉西南地區有一個陶寺文化，核心區在臨汾一帶，它的南播範圍，不過峨嵋嶺（汾涑二水的分水嶺）。也就是說，峨嵋嶺兩面的文化不同。

中條山比峨嵋嶺要高大險峻許多，但二里頭文化卻能地跨中條山的南北兩面。我們不得不承認，二里頭文化的居民們很有穿山的能力，而且，他們不僅能穿山越嶺，還能將大山兩面用文化統一起來。這裡面的辦法，包含社會進步。我們站在大山前面試想一下，怎樣能讓大山另一面的人服從自己，與自己建立聯盟？這個辦法一定不簡單，要想到，那可是一個沒有高超通信手段的時代。

二里頭文化的源地在哪一方？是南面還是北面？二里頭文化是從山的一面傳到另一面的嗎？或者是南北兩面的文化聯手？無論怎樣，都必須解決中條山的阻隔問題。翻越山脈，社會文化向山的另一面推進、擴展，達到文化統一甚至政治統一，在那個時代，當然是文明成就。任何一個不滿足於原有生存環境的束縛，要拓展生存空間、壯大社會力量的團體，勢必要突破自然地理障礙。在中國，山脈是最早需要突破的對象。

秦國勢力穿越秦嶺，佔據四川盆地，經濟實力大增。晉國翻出太行山（應該是出軹道，即「太行八陘」的軹關陘），獲得「南陽」地區（今河南濟源至獲嘉，不是今天的南陽），不久稱霸。韓、趙、魏三家分晉，個個向山外拓展，列入「戰國七雄」。這些政治集團之跨越山脈，建立隔山疆土，最終不是靠技術能力，而是靠政治能力。所以，這是政治成果。

跨越山脈，要突破自然障礙，也要擊敗政治對手。「太行八陘」有井陘，「天下九塞」也有井陘。它又是陘，又是塞。陘是通道（陘，連山斷處，又通徑，是通道），塞是防守。對於攻方，想的主要是「要道」；對於守方，想的主要是「雄關」。同一個山谷，一攻一守，是一對人文屬性，是人文行為賦予山脈形體以價值。

一般來說，山體本身沒有甚麼經濟價值（除非含有礦物），但具有政治、軍事、交通價值（後來又有藝術價值），在守衛一方是屏障，在進攻一方是逾越的目標。屏障使一些群體得以存活、發展，而逾越則是大地域整合必須完成的任務。

太行山內外有着比較複雜的人文關係，一方面，太行山外面的山麓地帶，特別是東南方一帶，是早期華夏文明起源的重要地區，誕生過不少大小都城。但太行山裡側卻是戎狄天地。山地適宜戎狄活動，他們「各分散居谿谷，自有君長」。山內的戎狄與山外的華夏，有着很長時期的攻防歷史。

戎狄強盛時，可以殺出山地，「侵暴中國」。在北部，戎狄曾越過燕國，打到「齊郊」。在南部，「戎狄至洛邑，伐周襄王，襄王奔於鄭之汜邑」。周襄王在外面躲了四年，才在晉國的護衛下回到洛陽。

東周初期，南夷與北狄兩面夾攻，「中國不絕如線」，華夏人相當緊張了一回。華夏人最有名的向山內地區反擊是齊桓公的北伐山戎，他率軍「東馬懸車登太行，至卑耳山而還」，大敗戎狄。晉國是被分封在山西南部山區的華夏諸侯國，開始時晉國勢力不大，被戎狄包圍，「拜戎不暇」，後來逐步強大，向北發展。晉國以及拆分出來的韓、趙、魏，逐步統治了山西的大小盆地，實施經濟開發，政治穩定，戎狄或被同化，或被逼迫到邊角地帶。趙國更是向北拓展，直達陰山下。

太行山南北綿延很長，在早期歷史中，其北段山地與南段山地中曾有不同的人文發展。司馬遷在《史記．貨殖列傳》中談到中國北方的兩大文化生態區域，南部主要是農業區，北部則「多馬、牛、羊、旃裘、筋角」。這兩個地區的分界大體在龍門—碣石一線。龍門就是黃河在山陝南部出山的地方，碣石在渤海岸邊。這條龍門—碣石線橫斷山西山地，在其中部穿過，然後沿太行、燕山山系邊緣折向東北。在太行山的北部山地，是農牧混合經濟，所以有戎狄集團長期殘存。直至戰國晚期，北部山間仍有白狄建立的中山國存在，錯落於燕趙之間。

秦嶺山脈橫亙東西，與太行山南部及中條山接近。這些山脈之間是華夏軸心地帶，函谷關就在這裡。函谷關不是華夷分界，而是華夏自分。洛陽為首都（東周時代），老子從東向西走，是出關。後來長安為首都，於是反過來，從西向東走算出關。

秦嶺山地構成宏觀氣候分界線，南北兩方氣候不同，遠古以來孕育不同人文群體。北方為華夏故地。秦嶺南面，西有四川盆地，東有漢水流域，古代各自發達。四川盆地曾有巴蜀文化，三星堆遺址令人驚異。漢水流域乃楚國地盤，楚君曾自稱為「王」，問鼎中原。

在古代經典地理文獻《禹貢》中，將楚地稱為荊州，將巴蜀稱為梁州，為「九州」之二。《禹貢》的描述，已經將秦嶺南部歸入華夏，這是長期文化融合的結果。二里頭文化曾沿秦嶺東端南傳，如果二里頭文化果真為夏代遺存，則夏朝已經開始了南擴的歷史。到了商代，已經在長江附近建立據點，今湖北黃陂發現地地道道的商朝文化遺址，有城邑、宮室、貴族墓葬。周朝在漢水北部封建諸侯，稱「漢陽諸姬」（周統治家族是姬姓）。

秦國從西邊通道進入四川，壯大國勢，前面已經說過。自渭河流域向東南，另有一路，斜穿秦嶺，經武關到達今南陽一帶。這一線交通在關中建都的時代也是極其重要。劉邦就是由這條道路，搶在項羽前面攻入咸陽。《史記．秦始皇本紀》說：子嬰為秦王才四十六日，「沛公破秦軍入武關，遂至霸上，使人約降子嬰」。有的地理書介紹武關，只講政區位置，不講秦嶺山間要害，沒有說在點上。

秦嶺南北方政治的整合是華夏文明發展的又一巨大成就。

最後再來看燕山。燕山接續太行山，繼續向東勾勒華夏區的邊界。這些山脈的走勢，彷彿是「天以限華夷」，很是完整。燕山南面是大平原，北面是蒙古高原，又是兩個人文生態世界。這兩個世界的差異，比前面提到的都大。

燕山阻擋北面季風，南部山腳下適宜人居，早有人群集團在這裡發展。周武王滅商，為了安撫天下各種勢力，給了一些中立的集團以封號。在今天北京這塊地方，有一個中立集團被封為薊國（都城在今宣武門一帶）。不久，周朝自己的人來了，在南邊不遠的地方建立燕國（都城在今北京房山琉璃河）。天下是周人的，燕國當然勢力大，找個機會便將薊國滅掉了。燕國隨後成為北方大國。

燕國的發展，戰略方向之一是向北翻越燕山。「燕有賢將秦開，……襲破走東胡，東胡卻千餘里。」燕國遂佔據整個燕山山地，並在燕山北坡修築長城。燕國之舉，掀開了燕山南北兩方爭雄的歷史。燕山雖不及太行、秦嶺綿長，但其南北兩方的爭雄，仍然決定了中國歷史中頭等地位的大事。

以燕山為中心做宏觀地理觀察，南方是遼闊的華北平原，西北方是蒙古高原，東北方是東北平原及山林。在中國王朝歷史後期所出現的歷史地理事實，足以説明燕山地位之重：正是來自這三個大地區的人們，依次建立了統治整個中國的龐大王朝。從蒙古高原來的蒙古人建立了元朝，從南方來的漢人建立了明朝。從東北來的滿人建立了清朝。燕山腳下的北京城，作為這場歷史大漩渦的中樞，成為中國的京師首善。

燕山上的長城，見證過波瀾壯闊的歷史。燕國首先在燕山北部修建長城，秦朝因之。到北朝時期，北齊改在燕山頂部修建長城，北周、隋繼續修繕利用。到了明代，又在北朝長城的基礎上修建了堅固整齊雄偉的長城。燕山可以說是偉大的長城之山，燕山長城與京師最貼近，時間最持久，形態最壯觀。燕山長城守衛的是一系列南北往來的著名通道，其中的居庸關，享有古老的歷史，而山海關則被尊為「天下第一關」。

關，屬於山脈，屬於社會，屬於歷史。自然的高山，配以人文的雄關，是我國高山文化十分突出的特色。「雄關漫道真如鐵，而今邁步從頭越。」現在，許多山口都開通高速公路了。世世代代，名山故事將永遠伴隨着中華歷史。

國家起源的「地理機會」

一百多年前，德國社會學家弗蘭茨・奧本海出版了一本小冊子，書名是《論國家》。這是本篇幅不長的討論國家歷史問題的書，一九九九年被譯成中文出版。書中在討論國家起源時，涉及一些地理性質的問題，很值得注意。

歷史學家們從政治、經濟、軍事各個方面揭示出許多歷史發展的機緣，而從歷史地理學的觀察角度，我們強調歷史發展還須有一個地理機會。所謂地理機會，意思是具體的歷史的發展從不是在空中抽象地完成，而必當在一處或幾處關鍵的地理部位上首先獲得條件，最早發生，然後還是在地理上，漸漸擴大，最後完成。歷史發展的地理機會，就是那些最早具備條件的地理部位。善於「腳踏實地」思考問題的人，都會明白，歷史發展沒有地理機會是不可能的。如前文所提，英文的「發生」一詞寫作「take place」，很有地理意味。

國家的產生問題可以作為一個抽象的理論問題來討論（這樣的討論已經相當多了），但是討論一個具體的國家的產生時，卻不能總是抽象，章學誠說過：以議論為春華，以事實為秋實，要華實並進。如今研究中國古代國家起源的問題，以文獻、考古材料之豐富，應當開始考慮摘取秋實的問題了。

中國最早的國家「秋實」集結在晉南豫西地區。雖然在國家誕生的前夜，也就是「龍山文化」後期，我國方域之內存在不少臨近國家「門檻」的社會族群，蘇秉琦先生曾將其歸納為六大區系，但無論長江流域的良渚文化如何繁盛，遼河之畔的紅山文化如何發達，它們都未能跨越門檻而形成真正意義上的成熟國家。中國最早的真正意義上的成熟國家形成於晉南豫西，即夏朝。看來，只有晉南豫西地區存在着國家產生並持續發展的「地理機會」。

奧本海在《論國家》中提出這樣的觀點：在純粹農民居住區的經濟和社會條件下，不易產生國家，甚至說「原始農民從未創立過國家」。他援引地理學家拉策爾的觀點，認為農人與牧人之間的矛盾，是早期文明發展的推動力，「國家首先在那些與遙遠的草原接壤的富裕的農民地區產生」。奧本海的觀點的普遍適用性，可能有問題，他所依據的主要是西亞的歷史，對於埃及或南美可能不一定適用。但其強調農人與牧人的接壤處是早期文明的激發地帶的觀點，也許確實代表了一類模式，值得我們在研究中國文明起源問題時注意。

我國北方有一個綿長的農牧接觸地帶，這樣一個特殊的人文地理結構為中國歷史帶來了一項恆久的歷史主題。中國古代的「正史」中對這個歷史主題有豐富的反映。近世美國學者拉鐵摩爾曾詳細考察過這個歷史主題，寫有《中國的亞洲內陸邊疆》一書。今天的史學家、考古學家都承認，遺漏掉這個歷史主題將不成其為中國歷史。在國家起源的問題上，很可能也是如此。

如果考慮國家起源之「地理機會」的人文邊際特性，在夏文化（中國考古學上的二里頭文化）分佈地域中，我們更關注晉南地區。晉南是中國古代北部「人文邊際」地帶的最南端。司馬遷曾明確指出這裡存在過的一條人文分界線，即「龍門—碣石」線（見《史記·貨殖列傳》，今習稱「司馬遷線」），上古晉南地區的這條人文界線，大體由今天的龍門山向東北延伸，經霍山，再向東北，最後止於今河北昌黎一帶。這條線是農業地帶與非農業地帶的分界，司馬遷在《史記．貨殖列傳》中稱：「龍門、碣石北多馬、牛、羊、旃裘、筋角。」這是一個狩獵畜牧的世界。

值得注意的是，在山西的龍山文化時代的文化面貌與社會特徵上已經表現出區域差異。特別是從經濟上觀察，在滹沱河至晉中一帶，「多半是狩獵、畜牧為主而兼營農業」；在晉南與晉西南地區，「則多半是以農業為主，兼營狩獵和畜牧業」①。山西考古學者認為，這種差異可能說明彼時已形成兩大族群，北面的族類「可能是屬狄（翟）族及其先世」，南面的族群「似可視為中原華夏族或其支系的先世」。② 無論族屬如何命名，這些文化現象說明在這個時候，已逐漸出現了一條「農獵」或「農畜」的分界線。在隨後的歷史時期中，山西南北一線的文化曾有南北影響強弱的拉鋸變化，這在北部的朱開溝文化中有所反映。

在南北文化拉鋸變化的某個時間段，陶寺龍山文化在晉南出現，它的來源背景尚待確證，但其所包含的早期國家因素（禮器）卻漸為公認。陶寺文化分佈於汾河下游及其支流澮河流域，在臨汾、襄汾、侯馬、曲沃、翼城、絳縣、新絳、稷山、河津諸縣（市）發現大量遺址。核心區是塔兒山周圍的汾澮三角洲地帶。遺址年代距今四千五百—三千九百年。從遺物中的生產工具、生活用具看，其經濟為發達原始農業。在時間與地理區位上，陶寺文化與夏朝具備銜接關係。

夏代國家形成的事實讓我們無法忽視與其時空密切的陶寺文化的意義，而陶寺文化的地理位置，也讓我們無法忽視它的獨特的人文邊際關係。後來的晉國幾乎佔據了與陶寺文化相似的地理位置，關於晉國，史書中稱：「晉居深山，戎狄之與鄰……拜戎不暇」（《左傳》昭公十五年），陶寺文化時期，周圍的「深山」裡活動着甚麼樣的人群，是個值得注意的問題。

現在關於晉南國家起源的歷史，我們可以講的話比以前多了許多，而晉南的特定人文地理部位，要求我們一切判斷要以晉南的基本人文地理事實為依託。歷史事件的地理機會有其必然性的內涵，夏朝國家絕不會是偶然地於晉南以及豫西登場。我們站在歷史地理學的立場認為：認識晉南，才能認識夏朝。

注釋：

① 王克林：《山西考古工作的回顧與展望》（上），《山西文物》，一九八六年第一期。

② 王克林：《山西考古工作的回顧與展望》（上），《山西文物》，一九八六年第一期。

五嶽地理說

五嶽本是先秦時期形成的一套名山系統，同九州相類，是維「中國」、表華夏、象徵一統的神聖地理框架。與五嶽有關的巡狩封禪活動，屬盛大王朝禮儀。不過，五嶽後來卻被道家篡了去，在不少場合被說成是道教名山。關於五嶽，清人姚鼐、顧炎武，近人顧頡剛先生等均有略說①，今從人文地理學的角度，再做觀察，觀察的時代主要是先秦以至西漢，因為這個時代是五嶽神聖性的確立期，史學意義最為重要。

中國高山眾多，同大川一樣，是最顯而易見的自然地理景觀。一些位置重要、形體顯赫的高山，在中國古代文明的形成、發展過程中，最早被賦予了人文含義，它們就是古代的「名山」。對「名山」，古人又依不同的地理標準，將它們分類組合，序成名山系列，構成象徵意義，五嶽便是其中之一。在先秦以至秦漢時代，除了五嶽，「名山」亦有其他不同序法，諸如《周禮．職方氏》有九大「山鎮」，《大司樂》有「四鎮」「五嶽」，《呂氏春秋》有「九山」，又秦始皇統一中國後因不滿舊的五嶽說，下令重序天下名山大川，序出來的情況同五嶽很不一樣，這個問題下面要詳談。有名的《漢書．地理志》，由於敘述主要按郡（國）、縣體系展開，故因循《周禮．職方氏》的九州強調了「州山」，如太華山——豫州山、吳山——雍州山、霍大山——冀州山、岱山——兗州山、會稽山——揚州山，等等。《漢志》對於嶽，僅在潁川郡崈高縣下說「武帝置，以奉太室山，是為中嶽」。在「州山」的系統裡，泰山、華山被安排在州級，而嵩山（太室山）因與華山同在豫州，故沒有作州山。不管怎樣，自先秦時代起，已於天下眾多山水中形成了一批批與眾不同的「名山」。這批名山的意義，已然脱離了它們的自然地理屬性，而被賦予越來越濃的政治禮法含義。「五嶽」是誕生久遠，地位最重，又唯一流傳至今的名山系統。

依照古史傳説，五嶽的概念，即東嶽泰山（太山）、西嶽華山、北嶽恆山、南嶽衡山、中嶽嵩山，在帝舜的時候便已形成，舜分別到五嶽中的四個巡狩，只有中嶽嵩山因為是「天子所都」，用不着巡狩。舜同時還「同律度量衡」，「肇十有二州」[②]，儼然一位統一天下的君主。《禹貢》「分州必以山川定經界」，在其所列九州山脈中，提到泰、華、衡、恆四座大山，之所以沒有嵩山，多半因為嵩山沒有標界意義。對這些大山，《禹貢》沒有稱「嶽」，或許嶽的概念在《禹貢》的敘述體例裡還不重要。大禹是否也到四嶽巡狩，傳說不詳，只是說他東巡狩，至於會稽而崩③。顧頡剛先生曾經認為，五嶽的概念在堯舜時出現，是後代經學家的偽造，事實上不可能。④

不過，諸嶽的概念在先秦時已然出現，其名稱在先秦古籍中屢見不鮮。如《山海經》有「北嶽山」；《易》有「西嶽」；《詩》有「嵩高維嶽，峻極於天」。五嶽中的南、北二嶽，後來各有變化，說法也多歧異。東、西、中三嶽，即泰山、華山、嵩山比較重要，位置基本無異議。這三座大山正好分列在中國古代文明的所謂軸心線上，山體突出，景觀雄偉，「名山升中於天」，「山嶽則配天」，⑤在古人的地理大視野中，被看作地與天通的聖地。南、北二嶽的所指不定，原因之一是華夏王朝對南北疆土的開發範圍不定，開發範圍擴展，嶽的地位就要調整。以南嶽為例，《太平御覽》引徐靈期《南嶽記》說：衡山本為南嶽，軒轅以霍山為副。後漢武帝嫌衡山遼遠，改祭霍山（天柱山）。同樣說法亦見《爾雅》璞注、干寶《搜神記》。所說漢武帝嫌衡山遼遠，其實也是嫌江南地區尚未發達，故不願意去。經過南朝，到了隋代，江南情景已然不同，所以隋文帝開皇九年復以南衡山為南嶽，廢霍山為名山⑥。北嶽恒山的名稱據說自西漢起，因避文帝諱故，有相當一個時期稱作常山。⑦北嶽的位置原在河北曲陽，明清時改在山西渾源。⑧關於南、北二嶽對疆土整體的標界意義，《禮記．王制》的一段話說得最明，講疆土自北而南：「自恒山至於南河，千里而近；自南河至於江，千里而近；自江至於衡山，千里而遙。」講疆土四至：「西不盡流沙，南不盡衡山，東不盡東海，北不盡恒山。」可見南北二嶽被看作疆土整體的南北界限。另外，《史記．梁孝王世家》：武帝元鼎中，漢向北方「廣關，以常山（北嶽）為限」，也含有這個意思。⑨

五嶽之間，彼此呼應，五方相配，形成體系，構成一個超越了本身自然屬性的宗教禮法地理大坐標。它們在維「中國」、表華夏的崇高性、穩定性上，超越了王朝建立的任何其他區位概念。嶽，是名山中的名山，在《周禮》中，對名山中的名山也曾用「鎮」這個字，如「山鎮」，有時嶽鎮並提，如「四鎮五嶽」[10]，鄭注：「鎮，名山，安地德者也。」但「鎮」這一稱呼未能如嶽那樣流行，如《漢書．地理志》照錄《職方》時，已將原來每州的「其山鎮」簡為「其山」。嶽的名稱則一直沿用下來，由於嶽的性質同鎮，它的身份當然也是「安地德者也」。所謂「地德」，離不開政治上的溥天之下，華夏一統。

關於五嶽在維「中國」、「安地德」方面的影響力，有兩個例子。一個是吳嶽山（亦稱嶽山、吳山，在今陝西隴縣西南）「權為」西嶽的事情。《爾雅．釋山》開頭說：「河南華，河西嶽，河東岱，河北恒，江南衡。」臨近末尾卻又說：「泰山為東嶽，華山為西嶽，霍山為南嶽，恆山為北嶽，嵩高為中嶽。」前面的一組雖然沒有稱嶽，但實際上就是嶽，比如《周禮．大司樂》鄭注列出同樣的一組，便稱五嶽。《爾雅．釋山》前後兩組嶽有所不同，前面的一組出了個吳嶽山，怎麼回事？漢末以來的一些學者認為，前面的一組是西周都鎬時臨時的五嶽。《尚書．康誥》鄭注云：「岐鎬處（以華山為西嶽的）五嶽之外，周公為其於正不均，故東行於洛邑，合諸侯謀作天子之居，是西都無西嶽，權立吳嶽為西嶽。」[11]《周禮．大宗伯》賈疏云：「國在雍州時無西嶽，故權立吳嶽為西嶽，非常法。」而合「常法」的五嶽應「以東都為定」，即以洛陽為中心，以華山為西嶽。鄭玄、賈公彥所說是否屬實，無法遽斷，但其中表達的觀念則無誤，這就是國都應位於五嶽所標出的地理大框架的中央，或者說，五嶽應環國都四方而列。

第二個例子是秦始皇重序名山的事。諸嶽的分佈，偏於東方，「三代之居皆在河洛之間」，沒有問題。但到秦始皇定都咸陽之後，則「五嶽、四瀆皆並在東方」了。秦人歷來以被視為西方夷狄為心病，諸嶽並在咸陽東方的局面顯然有礙秦朝統治的「地德」，即正統性的完美，所以始皇令祠官重序天下名山大川。事見《史記．封禪書》。重序的天下名山，自崤以東，有五座：嵩山、恆山、泰山、會稽山、湘山；自華以西，有七座：華山、薄山、嶽山、岐山、吳嶽山、鴻塚山、瀆山。這十二座名山的分佈，東西均勻了許多。重序的天下大川，自崤以東，有二，即濟水、淮水；自華以西，有四，乃河水、沔水、秋淵水、江水。其中古代「四瀆」，竟被分為東西各二，河水、江水儼然「西方」之水，西方的分量顯然重了許多。除名山大川外，秦朝還序有「小山川」若干，但祭祀時，「禮不必同」。秦朝重序天下山川，並未能掩去自古以來嶽的高尚地位，這在漢代皇帝的巡狩封禪活動中看得很清楚。即使在秦朝，東巡狩、封泰山仍居首位，因為「中國」的傳統地理方位框架已不是誰可以改變的了。

這一批批排來序去的所謂名山大川，在那個時代，均被視為神明，成為天子諸侯的望祭對象，《周官》曰：「天子祭天下名山大川，五嶽視三公，四瀆視諸侯。」⑫ 望祭山川是古代最有地理味道的祭祀活動。望，是不即之名，夠不着，只能望，古人有望山、望川、望海、天子四望、諸侯三望等。《左傳》僖公三十一年：「望，郊之細也。」宣公三年：「望，郊之屬也。」也就是說，望，是郊祀活動之一。《左傳》襄公十一年所引盟書說，如果有誰違犯盟約，會有「明神殛之」，這些「明神」包括「司慎、司盟（二司為天神），名山、名川，群神、群祀，先王、先公，七姓十二國之祖」，名山、名川居然與群神、先王、先公並列，其神聖莊嚴可知。對於名山，天子亦不能「以薄德而封名山」。而「諸侯封內有名山大川不舉而祭之者，為不敬，削其地」[13]。《禮記．王制》也規定「山川神祇有不舉者為不敬，不敬者君削以地」，「其有削地者，歸之閒田」。《左傳》成公五年，梁山崩，「君為之不舉，降服，乘縵，徹樂，出次，祝幣，史辭以禮焉」（君王所做的都是素衣、省用之類的行為）。直到隋代，仍是「諸嶽崩瀆竭，天子肅服，必正寢，撤膳三日。遣使祭崩竭之山川，牲用太牢」[14]。

由於名山的神聖性，在王朝的領土分配中，就要特殊對待。《禮記．王制》：在王畿之外「凡四海之內九州……名山、大澤不以封」；而畿內「天子之縣內……名山、大澤不以朌」，因畿外諸侯有封建之義，故云「不以封」；畿內之臣不世位，有頒賜之義，故云「不以朌」。總之，天子對名山、大川是不撒手的。《周禮．夏官》有山師、川師，賈疏云：「名山、大澤不以封，故天子設官以專掌之。」

根據《周禮》，對名山大川的祭祀，天子諸侯各司其職。天子只負責五嶽、四瀆，其餘山川按照地域，各歸諸侯。「天子祭天下名山大川」，「諸侯祭其疆內名山大川」。⑮大夫以下似乎沒有望祭山川的資格，只能祭門戶左右及祖考而已⑯，說明山川之事大。《左傳》哀公六年：楚昭王有病，卜者勸祭河神，昭王認為只有江、漢、睢、漳是楚國的望，而河不是，不宜祭。《春秋》經文於僖公三十一年、宣公三年、成公七年，都提到魯國「三望」，鄭玄以為即東海、泰崐山、淮水，而《公羊傳》釋魯之三望為海、岱、河。以河為魯國的望，顯然遠了些。鍾文烝《穀梁補注》糾正說「公羊高齊人，蓋據齊法」，所以海、岱、河這一套其實是「齊法」，是齊國的三望。關於晉國的望，《爾雅》曰「梁山，晉望也」，梁山本為梁國名山，僖公十九年秦滅梁，文公十年晉又伐秦，取之，終為晉望。另外，河水經晉界，晉人當然得祭。在春秋時期，滅國為常事，可國滅了，山川依然在，祀禮不能廢，所以勝國就要擔當此事。《左傳》僖公五年：晉滅虞，「而修虞祀」，楊伯峻先生解釋說：「虞祀者，天子命虞所祀祭之其境內山川之神，虞雖被滅，晉仍不廢其祭。」[17]

對於諸侯境內的嶽，諸如魯國和齊國的泰山，諸侯們可以望祭，卻不得登封，登到泰山上去封禪的，必須是天子。不過在實際上，天子的祭望，即五嶽四瀆等名山大川有不少在王畿之外很遠的地方，天子控制起來並不容易，「自五帝以至秦，軼興軼衰，名山大川或在諸侯，或在天子」[18]。天子強，在天子；弱，在諸侯。嶽在名山中地位最重，故嶽的歸屬尤被視為天下盛衰、朝廷強弱的標誌。傳說紂在位，文王受命，政不及泰山。周成王時，爰周德，始有泰山之封。[19]春秋時代，天子纖弱，諸侯稱霸，天下擾攘，於是齊桓公、季氏等也如楚王問鼎一樣，要問一問泰山。漢文帝初年，躬修玄默，故名山大川仍在諸侯，直到武帝時，濟北王獻泰山，常山王罪遷，「然後五嶽皆在天子之郡」⑳，從中央王朝的角度看，顯然是一種好的地理局面。這些都說明了五嶽，特別是泰山的政治象徵意義。

周人克商之後，面臨如何有效地控制、統治東方遼闊疆土的難題。周人雖然在國土上全面建立了分封制，以藩屏周，但周天子仍然經常要到各地巡視，檢查諸侯國的情況，觀當地風俗禮儀，同時向當地人展示天子的威儀，以平衡平衡「諸侯自專一國」的情形。㉑《孟子・梁惠王下》「天子適諸侯曰巡狩，巡狩者，巡所守也」，說的就是這件大事。據說巡狩是定期的，周制十二年一巡狩。毫無疑問，對於一個大地域王朝的天子來講，巡狩是在大空間內實現政治控制的必要手段。巡狩時，天子到了哪個諸侯的地方，哪個諸侯首先要「除道」，就是把道路清理好，並於境首待之。另外，「天子巡狩，諸侯辟舍」[22]，諸侯還要把宮舍騰出來，讓給天子用。除了本地諸侯，「當方」諸侯，也就是那一方域的諸侯，也要盡可能地來朝天子，否則，被視為非禮，要受懲罰。例如周襄王二十年（公元前六三二年），「天王（襄王）狩於河陽（孟縣西）」，齊、魯、晉、秦、魏、陳、蔡等國俱朝周王於踐土，而許國距河陽、踐土不遠，竟沒有去，屬非禮，落下把柄，「諸侯遂圍許」[23]。

有意思的是，天子巡狩本來是衝着諸侯去的，但說來說去，諸嶽卻成了巡狩活動的主要對象，例如《禮記・王制》：「歲二月，東巡狩，至於岱宗；五月，南巡狩，至於南嶽；八月，西巡狩，至於西嶽；十有一月，北巡狩，至於北嶽。」《說文》也說：「東岱、南霍、西華、北恆、中泰室，王者之所以巡狩所至。」[24] 這是因為五嶽居東南西北中，具有方位的完整性，象徵「溥天之下」，在禮法意義上又是「安地德者也」，所以「夫嶽者，以會諸侯」，諸侯們「必擇其地近之嶽而朝焉」。[25]至嶽，成為巡狩活動的高峰。五嶽是王朝地域政治以禮法形式、神聖姿態出現的五大核心，天子的巡狩制度將它們統連為一體。

上文已經提到，依照制度，天子巡狩至嶽，「當方諸侯」要盡朝天子於該嶽。為了助祭方便，諸侯在嶽（主要是東嶽泰山）的附近往往有湯沐之邑。[26]《左傳》隱公八年：「鄭伯請釋泰山之祀而祀周公，以泰山之祊易許田。」祊就是鄭伯在泰山附近的一塊領地，是天子祭泰山時，鄭伯跟着去助祭的湯沐之邑。因為魯國有許田（今許昌南），在離鄭不遠的地方，鄭伯見泰山之祀廢棄已久，就想乾脆同魯國把領地換過來算了。除鄭伯的「湯沐之邑」外，《左傳》定公四年也提到魏「取於相土之東都，以會王之東蒐」。《管子·小匡》曰「春以田曰蒐」，東蒐，就是東巡狩。相土之東都，即助祭泰山之湯沐邑。

為巡狩事，也就是為社稷計，天子要不辭辛苦，到處視察。蔡邕說：「天子以天下為家，不以京師宮室為常處，則常乘車輿以行天下，故群臣託乘輿以言之也，故或謂之『車駕』。」[27]不過，五嶽分佈在「中國」的東西南北中，距離很遠，「車駕」能否座座都去，是個實際的問題。除了傳說中的舜而外，似乎只有漢「武帝自封泰山後，十三歲而周遍於五嶽」[28]。秦始皇除泰山外，還曾登湘山、會稽，這是秦朝所序東方五大名山中的兩座，他去沒去過其他嶽山，不知道。總之，巡狩的活動主要集中於泰山，祀泰山亦優於其他，如漢宣帝時五嶽四瀆皆有常禮，唯有泰山與河每歲五祠，其他則三祠。[29]

在中國古代思想中，常以五、九為終極秩序，以中為尊，然後四面八方。《白虎通》：「中央之嶽獨加嵩高字者何？中央居四方之中，高，故曰嵩高山。」可是中嶽嵩山儘管位置居中，地位卻不如泰山。「魯邦所瞻」的泰山始終為五嶽之尊，華夏之首，獨具封禪的資格。泰山封禪，即封泰山禪梁父，傳說肇自久遠。《史記》中引了管仲一段話，說周成王以前的七十多位先古帝王都曾到泰山封禪。不過周成王以後便沒有甚麼人再去封泰山，直到始皇。其間齊桓公有意去封一下泰山，管仲卻認為他不夠資格，以「鳳凰麒麟不至，嘉禾不生」為由，將其勸阻。泰山封禪是一樁距離遠、規模大、涉面寬的政治禮儀活動，因為封禪之時，「守土之諸侯」都要會聚岱宗之嶽，到了以後還要「焚柴告至」。不用說，只有位在至尊的帝王於海內艾安的時候，才有能力舉辦泰山封禪。而天下紛爭、國君孅弱之歲是組織不起這樣的活動的。司馬遷對封禪的看法就是「每世之隆，則封禪答焉，及衰而息」，所以自從周室衰微以來，封禪之事寧息，「其儀闕然湮滅，其詳不可得而記聞云」。[30] 在禮崩樂壞的年月，偶有人要模仿天子登一登泰山，孔子譏之。

秦始皇封泰山之後一百餘年，漢武帝元封元年（公元前一一〇年）「始建漢家之封」，登臨泰山。不過，由於泰山位於齊魯之間，近渤海，在東周秦漢的時候，那裡多海上説方之士，是一個怪誕思想最為猖獗的文化地區，所以泰山封禪漸漸被海上方士文化所浸，尋仙問方、求長生不死一類的事情也加進封禪的內容，成為上泰山的目的，這在「尤敬鬼神之祀」的漢武帝時期尤為厲害。《史記》記載，武帝聽了方士李少君等人關於「以封禪則不死，黃帝是也」的神奇故事，深為所惑。還有齊人公孫卿所講黃帝封禪成仙事，極為生動，武帝聽後大為震動，曰：「嗟乎！吾誠得如黃帝，吾去妻子如脱躧爾。」這位雄才大略的驕驕天子，為成仙，寧棄家國而去。他在後二十三年裡，竟然幸泰山達七次之多。泰山地近大海，而海上為神山、仙人所隱，武帝雖封泰山，卻不忘大海，故有詔文曰：「會大海氣，以合泰山。」[31] 在會合大海這一點上，東嶽泰山獨異於其他四嶽，而武帝封岱宗，性質也與早期的報天功、致太平有所不同。方士們為了抬高東方海上世界的地位，在縱談天下時，開了一個對他們自己有利的「名山」的單子，公孫卿對武帝說：「天下名山八，而三在蠻夷，五在中國。中國華山、首山、太室、泰山、東萊，此五山黃帝之所常遊，與神會。」[32] 這實際上又是一套五嶽的組合，濱海的東萊山居然在列。這個例子與秦始皇重序名山大川類似，說明當時社會上宏觀的山川格局觀念也常有政治地理背景或思想用意。

漢武帝封泰山固然有尋仙問方、求長生不死的成分，但他對五嶽觀念在社會上的樹立還是起了巨大的推動作用。如前所說，他自封泰山後，十三歲而周遍於五嶽，在後二十三年裡，幸泰山達七次之多。作為一個有影響的天子，他的這些行為無疑令天下為之風動。尤其是泰山封禪，在當時的人看來，是百年不遇的盛大典禮。《史記．太史公自序》：「是歲天子始建漢家之封，而太史公（談）留滯周南，不得與從事。」司馬談以未得從武帝封泰山為天大憾事，曰「今天子接千歲之統，封泰山，而余不得從行，是命也夫，命也夫！」之後，竟「發憤且卒」。司馬遷承父業，終作《封禪書》，使五嶽巡狩封禪事，彰於後世。

綜上所述，五嶽概念的形成，是中國古代地理思想史的一件大事，而五嶽本身則是古代文化地理與政治地理的重要內容。眾所周知，運用禮儀制度與道德規範對政治進行有力的輔助和補充，是中國古代文明的一大特點。兩周以至秦漢時代，是中國古代政治文化的形成期，在政治地理方面，完成了充分的封建制的實踐，以及由封建制向郡縣制的深刻轉變，從而解決了對廣闊國土進行一統性政治建設的艱巨的歷史課題。五嶽從概念到事實的確立，是這一政治——文化地理過程的重要側面，它一方面以禮儀道德的形式支持着對遼闊國土的一統性的建設，另一方面則展現了中國文化是如何向自然景觀灌注濃厚的禮法政治含義，而使其成為獨特的描述華夏文明的地理語言。

注釋：

① 姚鼐「五嶽說」、顧炎武「北嶽辨」均見《小方壺齋輿地叢鈔》第四帙。顧頡剛「四嶽與五嶽」，收《史林雜識》。顧先生認為，原本只有四嶽，乃西部姜姓之族之原居地，及齊人（姜太公）與戎人東遷，而徙其名於中原，再後擴充為五嶽。關於嶽是否起源於西部，本文不做討論。

② 見《尚書．舜典》，《史記．封禪書》中亦引。

③ 禹那次巡狩登的甚麼山，《括地志》（《史記．太史公自序》正義引）曾有不太

清楚的解釋：「石箐山一名玉笥山，又名宛委山，即會稽山一峰也……《吳越春秋》云：禹案《黃帝中經》九山，東南天柱，號曰宛委……禹乃東巡，登衡山……禹乃登宛委之山。」

④顧頡剛：《秦漢的方士與儒生》，上海：群聯出版社，一九五五年。

⑤《左傳》莊公二十二年。

⑥鄭樵《通志》卷四十，地理一。

⑦見《元和郡縣圖志》卷十七，河北道二。

⑧據闕名《恆山記》（收《小方壺齋輿地叢鈔》），明朝定渾源玄嶽為北嶽，而秩祀依舊在曲陽，清順治十七年始改嶽祭於渾源。

⑨《史記》稱此事在代王義立十九年。《漢書》則改稱此事在「元鼎中」。

⑩《周禮．大司樂》有「四鎮五嶽」，四鎮為會稽山、沂山、霍山、醫無閭。或認為鎮略低於嶽。

⑪《周禮．大司樂》賈疏引。
⑫《史記．封禪書》引。
⑬鄭樵《通志》卷四十三，禮二。
⑭《隋書》志三。
⑮見《史記．封禪書》。
⑯見《漢書．郊祀志》。
⑰楊伯峻：《春秋左傳注》（修訂本），中華書局，一九九〇年，第三一一頁。
⑱《史記．封禪書》。
⑲《史記．封禪書》。
⑳《史記．封禪書》。
㉑《史記．五帝本紀》正義。

㉒《戰國策・趙策三》。

㉓《春秋》經，僖公二十八年。

㉔《説文》九下。

㉕姚鼐《五嶽説》。

㉖《春秋公羊傳》隱公八年：「天子有事於泰山，諸侯皆從泰山之下，諸侯皆有湯沐之邑焉。」

㉗《史記・呂太后本紀》集解引。

㉘《漢書・郊祀志下》。

㉙《漢書・郊祀志下》。

㉚《史記・封禪書》。封禪之禮密，秦時已經不知其儀，漢人更難知曉。清人孫希旦指出，《史記》言漢文帝「令博士刺六經作王制，謀議封禪巡狩事」，但《禮記・王制》所列王者之大經大法，獨封禪不見於篇中。（見孫希旦：《禮

記集解》卷二十）

㉛《漢書·武帝紀》。

㉜《史記·封禪書》。

中國古代的王朝地理學

地理這門學問在人類知識體系中起源甚早，其近代以來的變化也甚大。地上的山川格局依舊，而古今地理學的論說體系卻各為一套，相差懸殊，原因在於古人、今人的思想方法各異，論說的內容也不盡為山川格局，還要有人文一端，即所謂人文地理。另外，無論是「自然」還是「人文」，古今談地理者所要達到的認識目標，更是不同，孔子說「山川之靈，足以紀綱天下者」，今人在考察山川時，斷不會有孔子的想法，今天自然地理學家要的是「自然規律」。中國古代無「規律」一詞，但有道，有法，有統，這些東西在中國古代豐富的地理思想中大都存在，既用於自然也用於人文，表達的是一件共通一致的道理，其實就是「道統」。所謂地理的道統，就是一個和諧穩定、有等級秩序的「溥天之下」。

在「溥天之下」，事物繁複眾多，地理之學就是要將它們「理」出一個秩序來。翻開今天的地理教科書，從氣候帶開始，到地形單元、土壤水文、植被分佈、城鎮體系、人口密度、交通網絡等等，對地上之物凡「重要者」統統按照一定次序歷數一遍，其間還要揭示「其所以然」的內在規律。這是今天地理學的思想體系與主要內容，其表述、論證的總目標是一個由「自然科學規律」與「社會科學規律」所支配的地球表面。

但翻開古代的地理書一看，雖然大致也有山川、土壤、澤藪、郡縣、人口等事項，但次序，即「理」地的方式，卻另是一樣。比如講山澤水土，「土有九山，山有九塞，澤有九藪，風有八等，水有六品」。在屬性上「凡地形，高者為生，下者為死，丘陵為牡，谿谷為牝。水圓折者有珠，方折者有玉」①。如此一番講述，今天的地理學家定斥其為胡言亂語，但古人卻深以為是，所以代代翻刻，習誦者甚多。從學科史的角度講，古人的這一套地理，絕不是一堆胡亂的次序，其背後依託的是一座古代意識形態的構架，包含着古人頭腦中顛撲不破的「天經地義」，古代的地理講述，無不以此為準。地理講述，反映人們的天下觀、宇宙觀、社會觀、人生觀，是思想史的重要組成部分，但現今大多數研究思想史的學者，尚未對此有足夠的重視。

地理之學不是一門對「客觀」世界做忠實記錄的學問。在思想家那裡，它是人們天下觀、宇宙觀、自然觀、社會觀、宗教觀、人生觀的一份說明書，以似乎十分客觀公允的例證，說明一套可能並非公允的思想體系。在政治家那裡，地理，尤其是人文地理，更是治國平天下的戰略、手段、目標，是主動出台的統治意志，是極盡道德宣教與武力征伐之能事而務求實現的社會空間秩序。在各時代的政治文本中，均有地理一章，故社會地理、政治地理向來是地理之學中極其重要的部分。現今歐美大學中，將地理劃歸社會科學門類，就是因為其十分強調地理學在說明與治理社會方面的功能。

在中國古代，人文發達，政治悠久，大地域王朝接踵統治「天下」。以其地域之大、區域種類之多、歷史之長，在這樣一部社會歷史中，沒有發達的社會地理之學是不可想像的。圍繞王朝的建立、鞏固、發展，勢必形成一套專門的地理學問體系，此可稱為王朝地理學。只是在不少系統考察中國古代地理學史的著述中，不注意從歷史出發，而僅僅以今天的地理學框架，去格式化古代地理學的內容，力圖寫出一部令今人順耳稱心（而古人很可能看不懂）的古代地理學史，這是削古代地理學之足，適今日地理學之履，寫出來的古代地理學已經面目全非了。比如今天重自然地理，於是就把古代所有關於自然界的記錄，匯在一起，分門別類，稱之為古代的自然地理學。對古人的這些零散的自然界知識，稱為「知識」則可，稱其為「學」則不可。學，要有專人、專書，師者講授，學者研習，前後傳承之，一脈貫通。古代並沒有多少如此研習自然地理現象的傳統。的確，明朝出了一個徐霞客，專門考察自然，撰有《徐霞客遊記》，但僅屬個別，故令當時人驚異，稱其為「奇人、奇書」，且後繼無人。只有王朝地理是中國古代地理學的主流大宗，有專人、專書、師者講授，學者研習，前後傳承之，一脈貫通。

本文欲對中國古代形成並長期發展的王朝地理之學做一扼要考察。

不過，此乃古代的一大套學問，博大精深，本文僅為個人一孔之見，不可能周全，況且與古人、古書對話，誤解難免，謹待方家指正。

一、從「天人之際」到「人人之際」

王朝意識形態以儒家為主要代表，本文考察王朝地理，儒家思想是一個重要依據。追溯王朝地理的形成，我們從上古地理思想，或說被儒家化之前的地理思想開始。那時的地理思想是人神相混，世界觀不以人間的德行為上，不強調人間的文德教化，而以神的作用為主，甚至社會組織也可以神為中心而建立。章太炎說上古時代有一類神守之國，神守國不設兵衛，而名山大川卻所在多有，因為它們不與諸侯之好聘，故滅亡時不載於方策。神守之「國」，應該是極其古老的社會組織，其以禮神為社會的核心樞紐，而神又存乎天地之間，所以在神守之國，首領主要是禮名山大川，執行神職。因為名山大川都具有神性，居之便可以為神，所謂「人神雜糅」。這一時期的地理思想特點是，地不是獨立的，而與天相勾連，神靈貫穿於天地之間，地上的萬物都與天、神有關。在這樣的歷史時期，雖然人們的行為都是在地上，對地勢河流也利用得當，但一敞開思想，就跑到天上，純粹的「地」理幾乎不存在。

有許多這一時代的地理講述片段保留下來，後世也總有一些好神鬼之術的人樂談此道，講的多是天人之際與山川的神性。例如，《禮記·祭法》：「山林川谷丘陵能雲雨，為風雨，見怪物，皆曰神。」《史記·五帝本紀》張守節正義：「鬼神謂山川之神也，能興雲致雨，潤養萬物。」在地上萬物之中，據說最能通天的是崑崙之丘，「崑崙之邱，或上倍之，是謂涼風之山，登之而不死。或上倍之，是謂懸圃，登之乃靈，能使風雨。或上倍之，乃維上天，登之乃神，是謂太帝之居」[②]。登山弄神，設立祭壇，已是由來許久的做法，五千年前的牛河梁紅山文化遺址便發現有祭祀遺址，山頂上築有「女神廟」，其大小建築成一線排開，似為一條中軸線，這種空間佈置，表現出很強的意識形態特點。山川以其偉大的形體，令人類景仰，即使到了現實主義意識形態很濃的王朝時代，也多少還有祭祀山川的事情保留下來，但僅僅是禮儀形式，而遠離了日常地理事物的主流。

傳說至顓頊時，「乃命重、黎，絕地天通」[③]。甚麼是「絕地天通」？按《國語．楚語下》所記觀射父的解釋是，「乃命南正重司天以屬神，命火正黎司地以屬民，使復舊常，無相侵瀆，是謂絕地天通」。「絕地天通」預示着天地分、人神分，是中國古代思想史上很重要的一條材料，另外由此產生的神轉巫，對社會組織也有深刻影響。學者們對「絕地天通」的問題多有討論，本書不再詳述。我們在這裡所關心的，只是由此反映出來的一條對地上現實世界漸漸做獨立觀察，並日益重視人類社會自身主題的思想走向。關於這一走向，歷代史家有不同表述。孔子不語怪力亂神，然而孔子並不是先導，章太炎評述這件事時更推崇老子，他說：「管仲兼雜陰陽一派，有許多鬼話。老子出來，就大翻了，並不相信天地鬼神和占驗的話。孔子也受了老子的學說，所以不相信鬼。」[④] 楊向奎先生持有同樣看法，他說：「到神守的後人老子來否定這神守與上帝，而提出『道在帝先』。孔子更提出『人人之際』，來代替『天人之際』。」[⑤] 到司馬遷撰《史記．大宛列傳》時，對如何描述西域，也採取了很現實主義的立場，他自稱：「至《禹本紀》《山海經》所有怪物，余不敢言之也。」《大宛列傳》關於西域的記載，是一篇沒有「鬼話」「神話」的地理文獻，在記敘異域的早期地理文本中，有別於《山海經》《穆天子傳》等，在中國地理思想史上，具有重要意義。

隨着大型複雜王朝社會的形成，「人人之際」日益成為現實社會所層出的主題，從而也是王朝政治需要投入主要精力去處理的課題。「人人之際」在空間上的一切表現，都是地理內容，一般說就是一地之人與另一地之人的關係，或曰人文區域之間的關係。一地之人與另一地之人的關係可以是政治的、經濟的、文化的、信仰的等等。在大地域內建立穩定的王朝，必須解決好各地人群之間的協調關係，建立某種鞏固的王朝地理秩序，保證地雖偏遠仍能聽命於朝廷。關於這一套作為，在《周禮》中叫「體國經野」（詳見後文）。在一代代「體國經野」的理論與實踐中，逐漸積累形成了王朝時代經緯大地的典章制度和記錄考訂地理名物的學科，古代稱輿地之學。「方輿之書所記者，惟疆域、建置沿革、山川、古跡、城池、形勢風俗、職官、名宦、人物諸條，此皆人事」。⑥當然，古代地有神性的思想不可能完全絕跡，其以各種形式仍一浪一浪泛出。但從總體上說，中國古代地理學的主幹大宗，或說被儒家化的地理學，主要是圍繞鞏固王朝與建立政治大一統的王朝地理，強調人神分、等級秩序、教化天下、中央一統、和諧無疆等等。

二、「九州」與「五服」

《尚書》是古代極重要的一部經典，記錄了距今兩三千年前王室的誥命、誓言和其他大事，先秦士大夫著書立說多加以援引，自漢代立為官學以後，成為歷代帝王將相的政治課本，作為治理國家的理論工具。《尚書》中的《禹貢》篇，儘管只有一千一百九十三字，卻歷來被奉為王朝地理的經典之作，為「古今地理志之祖」，其中所談的重要地理觀念，為歷代言地理者遵奉，而在《禹貢》中所明確表述出來的最核心的地理觀念，當屬假大禹之口而頒行天下的「九州」與「五服」。

「禹別九州」，依次是冀州、兗州、青州、徐州、揚州、荊州、豫州、梁州、雍州。這九個州，覆蓋了華夏地域的所有部分，而每一個州都有對京師依等級的貢賦之責。所謂「五服」，指自京師向四面每五百里為一「服」區，由近及遠分別是甸服、侯服、綏服、要服、荒服。由於水土平定和九州與五服的建立，於是「東漸於海，西被於流沙，朔、南暨聲教訖於四海。禹錫玄圭，告厥成功」。這是一個有關中國人文世界在地理空間上塑造成形的重要歷史傳説，禹的大功在於從雜亂無章的洪荒世界裡，確立了一個文明的大秩序，正所謂「芒芒禹跡，畫為九州」⑦。這一文明地理大秩序的重要之點是等級性與向心性，要害是令「五千里內皆供王事」。這為後來一統王朝的建立準備了重要的思想基礎。

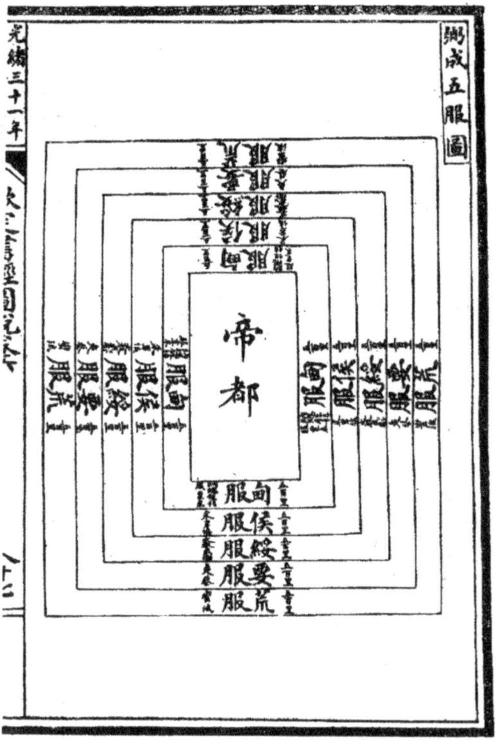

五服圖

雖然在《禹貢》成文的時候（先秦時期），九州與五服均不在現實中存在，但觀念先成的情況說明，當時中國社會之內已經存在着能夠被思想家與政治家察覺的一統動向，九州與五服絕不是幾個智者沒有社會現實依據的突發奇想，而頗具當時社會思想層面的真實性。關於華夏世界畫作九州的說法不僅在《禹貢》中出現，在其他先秦文獻如《周禮．職方》《呂氏春秋．有始覽》中也有九州之說，只不過九州的名字不盡相同。這一眾口言九州的情景反映了九州觀念在先秦社會上的普遍流行。九州與五服逐漸成為理解、規劃華夏世界的基本原則，是四海之內任爾是「諸侯」「霸王」均不可公然否認的至高無上的大秩序。「九州」就是「中國」，九州的完整代表着中國的完整。

清代學者胡渭歸納《禹貢》十二項地理要義：地域之分、水土之功、疆理之政、稅斂之法、九州之貢、四海之貢、達河之道、山川之奠、六府之修、土姓之錫、武衛之奮、聲教之訖⑧。這十二要義簡直包含了建立王朝江山大業的全部政、教、兵、財工作，所謂王朝地理的內容不過如此。在一統王朝尚未建立的時代，能出現這樣完備的關於大地域一統王朝的社會地理觀，出現關於王朝空間規制的如此具體的設想，是令人吃驚的。這正說明，當時社會走向一統化的歷史醞釀，已經達到了相當成熟的程度。

唐朝的賈耽說：「中國以《禹貢》為首，外夷以班史發源。」⑨意思是《禹貢》是講「中國」地理的首篇，而記述「外夷」的地理書則要推《史記》與《漢書》為先。其實，《禹貢》雖然沒有對外夷做具體敘述，但對之進行了明確的定位，提出了人文地理上「華夷之限」的思想。這也是中國古代極為重要的一個地理觀念。《禹貢》五服的概念表明，以京師為天下文明的核心，離開京師越遠，文明程度越低，五服中最遠的兩服即要服與荒服「乃在九州外矣」，就是說「要服」「荒服」屬夷不屬夏。關於夷夏之限，是先秦時期在許多諸侯國已然流行的觀念，在《春秋》三傳中多有反映。

關於華夏地域還有另一種表達，即「禹跡」，九州出現在禹跡內，「芒芒禹跡，畫為九州」。禹跡的觀念似乎很早就出現了，在講求華夷之限的觀念影響下，列國爭相宣言自己在「禹跡」之內的位置。據說商人、周人都遵奉「禹之跡」，《詩·商頌·殷武》：「天命多辟，設都於禹之績（跡）。」《詩·大雅·文王有聲》頌作邑於豐時說：「豐水東注，維禹之績。」後世所作的全國地圖，也常名之為「禹貢圖」「禹跡圖」「華夷圖」。

無論是「禹跡」還是「九州」，都是王朝國家意識形態的組成部分。國家的統治者除了依據武力對組成新國家的各部分進行控制外，還需要創造一種關於國家制度的意識形態，樹立國家法統觀念。「禹跡」「九州」正是國家法統在地理觀念上的表述，具有神聖性、法統性。謝維揚在《中國早期國家》一書中清楚地指出了國家與法統地域的特殊關係：在國家建立後，由它控制的地域已逐漸成為標誌國家主體的不可分割的內容⑩。這在中國歷史上造成了一個重要的政治傳統，即建立一個真正的、被承認的國家，就必須佔據特定的地域，並有相應的中央權力。「九州」就是這樣的特定地域，中國後來的歷史已經證明這一概念的顛撲不破，以至今天它仍然為中國人所使用，表達國家領土的神聖性。

三、中央一統之國

中國古代很早便出現了大一統的思想，關於這一點一些外國學者很難理解。然而大地域的一統感，畢竟是中國社會知識和社會實踐的基本特色。早在先秦時代，社會中便出現了「九州」「五服」「五嶽」「四海」等宏大的天下觀念。傳説時代的上古帝王是華夏文明開基的代表人物，他們幾乎都有組建大地域社會的偉業。按《史記．五帝本紀》記載的順序，「人倫初祖」黃帝曾「撫萬民，度四方」，他的活動範圍「東至於海，登丸山，及岱宗。西至於空桐，登雞頭。南至於江，登熊、湘。北逐葷粥，合符釜山，而邑於涿鹿之阿」。展示了一幅遼闊畫面。後面的「帝」，一個接一個，也是同樣。帝顓頊「北至於幽陵，南至於交趾，西至於流沙，東至於蟠木」。帝嚳「溉執中而遍天下，日月所照，風雨所至，莫不服從」。帝堯「百姓昭明，合和萬國」。舜則像是實行了大地域一統政令措施的帝王，他巡狩天下，「同律度量衡」，變四方，令「天下咸服」。至禹，平水土，置九州，更是華夏文明在大地域上確立的神聖象徵。傳説雖不是信史，但其中表達的大地域一統觀念，則不容忽視。

古代王朝地理學的現實目標是構建中央一統的大地域王朝。它有兩個基本要點，一是中央的絕對權威，二是施行全國的統一政令，兩者相輔而行。「中國」的觀念在周武王時已經出現，指的是今嵩山洛水一帶，周公築洛邑，就是實現周武王的設想，建立一個「四方入貢道里均」的居天下之中的城邑，也可以説是「中國」。就起源來説，「中國」的概念與都城的核心性有密切關聯。「商邑翼翼，四方之極」，説的是商都，「四方之極」就是四方的中心，已經含有「中國」的意思。由於要具備核心性，中國古代都城就必須具有凌駕巨大空間範圍的權威力量，這是中國都城的政治地理本質。古代地理文獻上對於都城的描述，無不宣揚它的「拱極」地位，即使在自然地理位置上都城明明偏於一方，比如明清北京，但在人文理解上也照樣寫道「蓋其神皋形勝，天府膏腴，扼四塞以居中，處上游而馭遠，鬱鍾王氣，龍盤鳳舞之祥，俯視侯封，棋佈星羅之勢」，有「千百國朝宗之盛」。[11] 在都城的形狀格局上，也要突出皇帝的唯我獨尊，並構成象徵宇宙的形態。這些手段顯示了都城在禮法等級社會中的至高性、唯一性，是增強都城在遼闊地域、眾多人口之中的權威性、崇高性的有力措施。這一措施在明清北京城的平面設計上幾乎達到了盡美的程度。

在古代地理書籍的敘述體系中，都城毫無疑問是敘述的總出發點，居於王朝地理知識體系的核心，由「中國」而全國，而四夷，這也是「五服」的次序。另外，都城不但是政治的核心，也是社會道德的制高點，王朝道德當然以忠君為本，而忠君在大地域王朝也有地理上的特殊表述，即我們很熟悉的「處江湖之遠，則憂其君」一類。建立大一統的王朝，在觀念道德上求得一統，十分重要。在中國的「元典」精神中，一開始便追求能夠跨越遙遠物質空間的道德紐帶。聖者認為在華夏世界，「德之流行，速於置郵而傳命」[12]，大地域的文明容許「天下一致而百慮，同歸而殊塗」[13]，但同時也更需要強有力的將家庭、社會、國家、天下整合為一的、行之有效的社會倫理系統。在古代社會的上層，追求「明王之守，折衝千里之外」，主張「民懷其德，近者悅服，遠者來附」。在主要是儒家思想的推動下，形成獨具特色的文治倫理，使每一社會成員無論身居何處，均感覺皇權的存在，而這並不需要皇帝親自出馬。

皇權無所不在，是一統王朝的政治目標之一。全國的行政區劃制度，是在整個王朝地域保證皇權有效存在的極其重要的手段，這是王朝地理的重要核心內容。《禹貢》十二義雖然提出了方案，但仍不能說是實際的解決。正是文武周公秦皇漢武所率領的社會實踐者，具體地完成了建立有效的大地域社會機制、由區域對抗到天下一統的過渡、在多樣的文化區之上成功地覆蓋統一政治體系等關鍵性歷史課題。這一王朝組建過程，是中國歷史上極其重要的歷史地理過程，在這一方面，中國與其他一些只有歷史、沒有甚麼地域的小國，存在深刻的差異。自此以後，中國強調一統，全國地圖多稱「一統圖」「混一疆理圖」，全國志書多稱「一統志」。

四、「體國經野」之道

在中國歷史上，西周與秦有一個共同之處：它們都是以偏僻之國奪得天下，而面對統治遼闊疆域的歷史新課題。兩者在沒有多少前朝實踐經驗的情況下，在設定國土管理制度這一關鍵課題上，各自都做出了重大發明。我們所說的王朝地理的實踐也正是由此開始。所謂王朝地理的實踐，就是在現實社會中建立具體的空間上的權力層次，有效地管理國土、有效地實現王（皇）權。關於這一套作為，《周禮》稱作「體國經野」，屬國家管理的總綱大計之一。《周禮》原話是「惟王建國，辨方正位，體國經野，設官分職，以為民極」。

管理大地域的辦法，西周採用的是封建制，秦國創立的是郡縣制，這是人所共知的兩大基本形態。秦二世而亡，漢興，仍為大地域一統王朝，「地東西九千三百二里，南北萬三千三百六十八里……漢極盛矣」[14]。漢承秦制，使郡縣制走入成熟。正是由於秦漢郡縣制的成功實踐，使先秦時代便已醞釀的大一統思想得以鞏固和弘揚。

如果說《禹貢》樹立起王朝地理的思想理論形態，那麼《漢書·地理志》（簡稱《漢志》）則記錄了王朝地理走入實踐的真實情景。翻開《漢志》，可以看到一個現實一統王朝以郡縣為綱的國土構成，或者說是王朝的社會空間結構。它包括全國土地依郡縣級別的分割方式、各行政區域的人口數目、何處何地設有工商衙署、重要地方的歷史沿革、名山大川祠所位置等等。《漢志》是王朝地理學的又一部經典之作，樹立了記錄王朝地理的文本範例，它與《禹貢》相互結合（《漢志》中錄有《禹貢》全文），開闢了古代地理學術主流的先河。後世研究王朝地理的學者都要祖述《禹貢》，上接《漢志》，許多地理文本的編纂也多因襲《漢志》的形式。

需要指出的是，分割州、府、郡、縣政區並不是一件簡單的事情，更不是一勞便可以永逸的事情。它要根據「天時」「人和」的變動而隨時調整地理，這正是人文地理的能動性、操作性、規劃性的所在，說明地理學絕不是一門僅僅被動記錄地上事物的「認識世界」的學問，它也是「改造世界」的利器。在古代王朝策略中，也包含着地理策略，如「推恩」法、「犬牙交錯」等都屬地理手段，用以削減諸侯勢力、防範地方割據。所以不只是學問家重地理，政治家、策略家也重地理之術，講求熟練的地理上的權力運籌。周振鶴先生曾精闢地歸納了中國古代「體國經野」，也就是地理上權力運籌的幾個重大問題：分封制與郡縣制、二級政區與三級政區、行政區劃幅員的伸縮、犬牙交錯還是山川形便、行政區劃的等第變化、軍管型特殊政區的設立等。⑮不難看出，上列問題都是朝廷大事，解決好此類問題，遠不是一般人物所能做到的。唐朝宰相李吉甫曾親自出馬主持編纂《元和郡縣圖志》，這是一部中古時期重要的王朝地理著作，李吉甫說得明白，從事地理就是為佐「明王」「收地保勢勝之利，示形束壤制之端」，用以「紐」天下的綱紀，「制」世上的群生。

關於王朝地理實際操作的成功例子，可以舉西漢諸侯王國封域的變遷。漢初諸侯鼎盛時期，「內地北拒山以東盡諸侯地，大者五六郡，連城數十」⑯。但是到了漢末，通過削藩、推恩等一系列割裂、削奪王國領域的政策的實施，諸侯式微，大國不過十餘城，小國只有三四縣。工侯衰微，漢王朝得以鞏固。漢代對大地域政治結構的改革，是漢代社會歷史的重要內容，它的社會波及面亦十分廣泛，乃是不少問題的淵源。

此外，在中國歷史中我們還看到，由於管理大地域的政治需要，在疆域的重要部位，還形成了行政區域劃分的反自然主義即「犬牙交錯」的辦法。顧炎武說河南河北必不以河為界，湖南湖北必不以湖為界，「這種行政區域劃分力反自然地理的山水格局界線，加緊山兩側，水兩岸之間的居民連為一體的行政措施行之有年，的確給動盪時期企圖據險而守裂土自治的軍政集團增添了意想不到的麻煩」，而「原屬同一政區的居民共同生活的經歷養成了山水兩側非要一體不可的習慣。此種民族聚合作用不言自明」[17]。

五、「國破山河在」

在傳統地理學中，的確包括對山水宏觀格局的系統認識，但在人文地理佔據主導地位的王朝時代，自然山水常常被納入表述王朝疆域的話語。名山大川的宏觀格局被看作是華夏大地的不易骨骼、基本框架，其最高意義是為王朝大局規定永恆分野。比如《禹貢》「分州必以山川定經界」，但分畫出來的區域很快成為經典的人文區域。唐代僧一行的天下河山「兩戒」說也是一例，它敘述的是天下河山的佈列，而表達出來的卻是傳統的「華夷之限」的觀念。自然地理事物含義的人文化，是王朝地理的又一重要特點。

在王朝疆域中，名山大川的選派定位常有政治考慮，著名的例子有秦始皇重序名山一事。先秦時期開始形成的「五嶽」「四瀆」的概念，對於中原國家來說，「五嶽」「四瀆」的方位分佈比較均衡，但對於後來定都於咸陽的秦朝來說，則「五嶽四瀆皆並在東方」了，這種局面有損於秦朝的正統性。為了實現「地德」的完美，秦始皇令祠官重序名山大川的名單，增加名山的數目，使咸陽東西各有名山數座⑱，從而達到方位的均衡。不難看出，這裡所謂均衡，只是相對於帝都咸陽而言，是秦朝人所感到的均衡。這是人文理解，而不是自然現象。

名山的均衡分佈，標誌着王朝地域在「溥天之下」的和諧性，是天下一統形勢的又一表述方式。在這一方面的用心，尤以五嶽觀念的建立為最。五嶽本是先秦時期開始形成的一套名山系統，它們之間，彼此呼應，五方相配，形成體系，構成一個超越了本身自然屬性的禮法地理大坐標。它們在維中國、表華夏的崇高性、穩定性上，超越了王朝建立的任何其他區位概念。例如《詩》云紂在位，文王受命，政不及泰山，表示不是完美之事。西漢武帝時，濟北王獻泰山，常（恆）山王罪遷，「然後五嶽皆在天子之郡」，說明皇權鞏固。五嶽概念的形成，是中國古代地理思想史的一件大事，而五嶽本身則是王朝文化地理與政治地理的重要內容⑲。天子祭名山大川，為定制。運用禮儀制度與道德規範對政治進行有力的輔助和補充，是中國古代文明的一大特點。兩周以至秦漢時代，是中國古代政治文化的形成期，在王朝地理方面，完成了充分的封建制的實踐以及由封建制向郡縣制的深刻轉變，從而解決了對廣闊國土進行一統性政治建設的艱巨的歷史課題。五嶽從概念到事實的確立，是這一政治地理過程的重要側面，它一方面以禮儀道德的形式支持着對遼闊國土的一統性的建設，另一方面則向自然景觀灌注了濃厚的禮法政治含義，使其成為獨特的描述華夏文明的王朝地理語言。

「國破山河在」，王朝亂了，山河依舊，以山河為口號，向來可以振奮華夏子弟的復興決心。中國的名山大川，幾乎等於王朝的代名，「坐江山」，就是治中國。不過需要指出的是，江山作為政治符號的時候，是有特別秩序的，這些秩序在王朝地理的文獻中有許多規定和討論。「五嶽」「四瀆」「四區」「五藏」「九鎮」「山河兩戒」「四列」「五色土」等等，都是古代討論過的山河土地秩序，在王朝意識形態中，它們都曾有受人尊崇的地位。如果亂了山河秩序，就是亂了天下，亂了朝綱，所以名山大川的確定，屬於朝政，而並非約定俗成。參觀一下北京地壇的名山祀位展覽，可知清代朝廷所序列的「嶽山」與「鎮山」都有哪些，滿人崛起於東北，東北的名山自然不會缺席。清人建都北京，地處傳統中原大地的東北部，於是有人將天下山水的總方向朝京師靠攏，以歌頌帝都的崇高偉大：「天下萬山皆成於北，天下萬水皆宗於東，於此乎建都，是為萬物所以成終成始之地，自古所未有也。」⑳

歸納本文，「地」的問題是理解中國古代文明的重要角度之一。自《春秋》作，便重視地的問題，所謂「《春秋》重地也」㉑。《史記》所開闢的王朝歷史之學，從一開始，視野便緊隨文明的空間步伐，西至空桐之山，北過涿鹿之野，南浮江淮，東漸於海，上會稽，探禹穴，涉大漠，登龍堆，在大空間之內，觀社會發展，察人文現象。常言道：「史地不分家。」《四庫》分類，將「地理」放在「史部」。的確，探索中國王朝社會的問題，不可脫離對王朝地理的研究。王朝地理，是歷史過程，也是思想體系。

注釋：

①《淮南子．地形訓》。

②《淮南子．地形訓》。

③《尚書．呂刑》。

④章太炎：《中國文化的根源與近代學術的發展》，《章太炎學術文化隨筆》，中國青年出版社，一九九九年，第十一頁。

⑤楊向奎口述、李尚英整理：《楊向奎學述》，浙江人民出版社，二〇〇〇年，第三頁。

⑥劉獻廷：《廣陽雜記》卷三，中華書局，一九九七年。

⑦《左傳》襄公四年引《虞人之箴》。

⑧見《禹貢錐指略例》。

⑨《舊唐書．賈耽傳》。

⑩謝維揚：《中國早期國家》，浙江人民出版社，一九九五年。

⑪于敏中等：《日下舊聞考》表文，北京古籍出版社，一九八一年，第十一頁。

⑫《孟子．公孫丑上》引孔子語。

⑬《易．大傳》。

⑭《漢書．地理志》。

⑮周振鶴：《中國歷代行政區劃的變遷》，商務印書館，一九九八年。

⑯《史記．漢興以來諸侯年表》。

⑰李寶臣：《禮法社會的政治秩序》，《北京社會科學》，一九九六年第一期，第五十六頁。

⑱事見《史記．封禪書》。

⑲參見唐曉峰：《五嶽地理說》，《九州》第一輯，中國環境科學出版社，一九九七年。

⑳孫承澤：《天府廣記》卷一形勝，北京古籍出版社，一九八二年，第七頁。

㉑《左傳》《公羊傳》語。

責任編輯　梅　林
封面設計　彭若東
版式設計　林　溪
責任校對　江蓉甬
排　　版　肖　霞
印　　務　馮政光

書　　名　華夏文明地理新談
叢 書 名　大家歷史小叢書
作　　者　唐曉峰
出　　版　香港中和出版有限公司
Hong Kong Open Page Publishing Co., Ltd.
香港北角英皇道四九九號北角工業大廈十八樓
http://www.hkopenpage.com
http://www.facebook.com/hkopenpage
http://weibo.com/hkopenpage
Email: info@hkopenpage.com
香港發行　香港聯合書刊物流有限公司
香港新界荃灣德士古道二二〇—二四八號荃灣工業中心十六樓
印　　刷　美雅印刷製本有限公司
香港九龍官塘榮業街六號海濱工業大廈四字樓
版　　次　二〇二一年四月香港第一版第一次印刷
規　　格　三十二開（128mm × 188mm）一三六面
國際書號　ISBN 978-988-8763-08-5